誕生のインファンティア

生まれてきた不思議、死んでゆく不思議、生まれてこなかった不思議

西平 直

みすず書房

目次

プロローグ
——誕生の不思議

死の問いと誕生の問い

死んだらどうなるのか。子どもの頃、不思議で仕方がなかった。しかし親に尋ねた記憶がない。なぜか、尋ねてはいけないことのように思っていた。

ではみんなはどう考えていたのだろう。そこで学生たちに尋ねることにした。「子どもの頃、死んだらどうなると思っていたか」。「それを誰かに質問したことがあったか」。二十数年近く続けているから、ずいぶんたくさんの報告を読んできたことになる。

たとえば、ある学生は、「すべての人が死ぬと初めて気づいた日のことを憶えている」という。彼はそれまで人は事故で死ぬと思っていた。鉄砲で撃たれて死ぬと思っていた。しかし事故に遭わなくても死ぬ。撃たれなくてもいつかは死んでしまう。ある日突然そのことに気がついた。「いつかは、みんな、死んでしまう」。あまりの怖さにベッドの中で泣いた。兄が心配して見にきてくれたことを憶えているというのである。

残念ながら私にはその日の記憶がない。なぜか私は気がついた時には、人はみんな死んでしまうと思っていた。そう気がつく以前、どんな世界を生きていたのか、残念なのだが、もう思い出すことはできない。

子どもたち（インファンティアの住人たち〔一二頁以下参照〕）は大人と違う世界を生きている。しかし私たちも、かつて、その世界を生きていた。学生たちの報告を聴いていると私たちも「自分自身の子どもの頃のこと」を思い出す。「そういえば……」と記憶の氷が溶けてくる。私たちも子どもであった。そして今も心の深層にはその感覚が流れている。その感覚を大切にしたいと思っているのである。

＊ 本書における「子ども」は多くの場合、「子どもの頃」と同義である。大人の回想の中に登場する「子どもの頃」。しかし大人にとって他者である「子ども」を意味する場合もある。年齢は規定しない。「赤ちゃん」より大きく「思春期」より小さいというゆるやかな用語法である。

ところで、「死んだ後」は気になったのに、「生まれてくる前」は考えたことがなかった。それどころか「生まれてくる前のことを考えたことがない」と気がついたのは、ずいぶん大人になってからのことである。なぜ人生の「始まり」については関心がなかったのか。どうやら子どもの頃の私には、「人生の始まり」は、始まりがあったということすら気がつかないほど、まったく霧に包まれていたのである。

ではみんなはどうだったのか。そこでこれも学生たちに尋ねてみることにした。しかしどう尋ねたらよいのか。「子どもの頃、誕生について何か不思議に感じことはなかったか」、「どうやって生まれてきたと思ったか」、「赤ちゃんはどこから来ると思ったか」。苦労しながら聞いてみた。するとこれまた実に面白い。子どもたちはいろいろ考えている。正確には、子どもの頃いろいろ考えていたことを学生たちが思い出してくれたのである。

＊　誕生の問いは最後まで確定されなかった。しかし結果的には、本書はその混乱に導かれてここまできたことになる。なお、「死んだらどうなると思っていたか」と合わせ鏡になる問いの困難は、ハイデガー『存在と時間』に秘められた問題と重なる（本書一四一頁以下、一五四頁）。

こうして私は「死と誕生」をワンセットに考えながら、かなり長い期間、誕生の問題を「軽い」と考えていた。死の問題の深みに比べて誕生の問題は既に科学的に解明されている。学生たちの報告も、その多くは、性の仕組みがわからなかった頃の混乱であり、生殖の仕組みに接した時の戸惑いであり、結局は、科学的な生殖の知識の内に納まってゆく話であった。

ところがごくまれに奇妙な報告が混じっていた。例えば、母親の流産の話を聞いて「本当は兄弟がいた」と知った時の話。あるいは、「なぜ僕を生んだのか」といって母を困らせた話。あるいは、ある学生は「自分が存在していなかったにもかかわらず、宇宙は回っていた」という事実に初めて気がついた日のことを書いていた。「私が存在していない」などということとは無関係に世界は動いていた。では「私が存在するようになった」ことによって世界は変わったのか。私の誕生によって世界に何か変化が生じたのか。そうしたことを、子どもの頃、一人で考えていたというのである。

こうした報告は、いずれも性や生殖の知識によっては解決されない、何らか別の位相の話である。ではいかなる位相なのか。そう思って調べてみるのだが、よくわからない。当然ながら、誕生の話には「出産（産む側）」と「出生（生まれる側）」の視点が含まれているはずなのだが、しかし圧倒的な「出産の科学」の前に、「生まれてくる」視点は霞んでしまう。まして「なぜ自分が生まれてきたのか」という問いは、出産の科学の中では場違いになる。では、それらはどのように関連し合っているのか。実は誕生の問いの方が複雑なのではないか。私は混乱しながら学生たちの報告を読み続け、次第に誕生の問いの深みから抜け出せなくなってしまったのである。

＊　当初、私は「死のタブー」と「性のタブー」の関連に目を留めた。「死について親に尋ねると困った顔をする」という報告と「赤ちゃんの誕生について尋ねると親が困った顔をする」という報告との類似。そこから「死について子どもに語ること」と「性について子どもに語ること」との対比を考え、「死の教育（デス・エデュケーション）」と「性の教育（性教育）」をワンセットに構想したいと考えていたのである（本書三一頁以下）。この問題を含め、本書の課題について断片的なスケッチを試みたことがある。拙論「死んでゆく不思議・生まれてきた不思議」（『キリスト教保育』二〇一三年四月号―二〇一四年三月号。連載・十二回）。

誕生の不思議——性の問いと存在の問い

ある年、「男である自分はこうしたことを考えたことがない」と（正直に）書いてくれた学生がいた。私は立ち止まってしまった。

おそらくこの学生は私の問いを「出産」の問いと理解し、そして「男である自分は考えたことがない」と書いた。むろんそうした性役割意識それ自体を問題にすることもできるのだろうが、私はむしろ、「生まれてくる体験」にも性差が関係するのか、気になった。むろん「産むこと（出産）」には性差が関係する。では「産み落とされること」にも性差が影響するのか。そう考えているうちに、自分の問いが「産む側」ではなく「産み落とされる側」、あるいは、「中絶する側」ではなくて「中絶される側」の問題であったことを、あらためて確認した。つまり「出産」の不思議ではなくて、「自分の出生（自分という存在の起源の出来事）」の不思議だったのである。

＊「産む－産まれる」の関係性については多様な角度からの考察を必要とする。さしあたり、一、エマニュエル・レヴィナスの「多産性 fécondité」（『全体性と無限』（熊野純彦訳、岩波文庫、二〇〇五年）第四部）に導かれた「子ども」の検討、二、ミシェル・フーコーの「セクシュアリテ」を踏まえた「生殖」「家族」の検討、三、E・H・エリクソンの「ジェネレイショナル・サイクル」など世代継承・世代循環・次世代育成の検討、四、生命論的な「いのち」の思想の検討など。

しかし私が学生たちに尋ねてみたかったのは、その不思議だけではなかった。そうした不思議が「性の仕組み」と結びついているという不思議。正確には、その両者が結びついて理解されるまでの期間、子どもたちは、どんなことを考えているのか。つまり、一方に「性と出産」という（子どもたちには隠された）不思議があり、他方には「〈自分〉という出来事の開始」という（ぼんやりとした）不思議があり、そして、その両者が結びつく（あるいは結びつかない）という不思議がある。言葉にするとこれほど厄介な「不思議」のことを、私は、学生たちに尋ねてみたいと考えていたのである。

人生の「始まり」の問題は、一方で「性や出産」の問題であり、他方では「自分自身の存在の開始」の問題である。自分がここに「いる（存在している）」ことが不思議に感じられる「存在論的な問い」が、「性」の話と結びつく、その戸惑い、混乱。

これから「誕生」について見てゆく私たちは、何度もこの「戸惑い」に直面する。どちらか一方だけでは足りない、その両方を内に含むような「誕生・出生」という出来事について、子どもたちは（私たちは子どもの頃）、どんな不思議を感じていたのか。

そして実は、その先に、さらに困難な問題がある。誕生する以前、自分がまったく存在していなかったという事実。私たち大人はもう驚くことがないその事実に、ある時、子どもたちの心は、突然直面する。そして思いもよらないことを口にする。「ねぇママ、僕はどこから来たの」。

哲学の言葉では「非在《ひざい》」の問題。生まれる前に自分が存在していなかった「誕生前の非在」。そして死んだ後に自分が存在しなくなる「死後の非在」。

①私はいなかった（存在していなかった・生まれていなかった）、②ところが「誕生・出生」の出来事によって私はここにいる（生まれてきた）、③そしてまた私はいなくなる（死んでゆく）。こうした二つの

「いない（非在）」に挟まれた、「いる（生まれてきた・ここにいる）」という不思議。その深淵に触れてしまった子どもたち（インファンティアの住人たち）は、その不思議をどう表現したらよいのか、言葉を見つけ出すように、思いがけない質問をする。「赤ちゃんはどこから来るの」。「赤ちゃんはどうやってできるの」。

大人をドギマギさせるそうした問いは、哲学の「非在」の問いと結びついていたことになる。

＊ヨーロッパの形而上学は「存在」に焦点を置き、「非在・非実在」はその欠如と理解されてきた。存在論の開始者とされる古代ギリシアのパルメニデスは「ある」の誕生を求めることを禁じた。「あらぬ」は語ることも考えることもできないというのである。ハイデガーによれば、まさにそうした発想の内に、その後の形而上学を規定する「存在忘却」が潜んでいる。ハイデガーは「存在」と「存在者」を区別し、「存在は、存在者として自ら顕現することにより、自らを隠蔽する」という。つまり「存在」の顕れには不可避的に「隠蔽」が伴っている。その時、「実在 vs. 非在」という固定された二分法は崩れ去る。そうした地平の一端を、本書は「不生」という言葉を手掛かりに見ることになる。（Ⅳ章—4）

五つの位相——本書の流れ

以下、本書の話は、五つの舞台に区分される。

舞台Aは、死の問題を主題としながら、「死の不思議」と「誕生の不思議」のつながりを見る。

舞台Bは、「性の問い」と「存在の問い」を区別しながら、常にこの二つの問いの関連を問う。妹や弟の誕生に際して記憶された「漠然とした疑問」（Ⅱ―1）。「性」の知識をめぐる話（Ⅱ―4）。そして精神分析のテクストに見える「存在の問い」の萌芽的な姿。「僕は卵を産んだことがある」という言葉（Ⅱ―2）。「生まれる前、僕は、どこにいたのか」という問い（Ⅱ―3）。

舞台Cは、自分の誕生（出生）を主題とする。「赤ちゃんの誕生」とは区別される「自分の出生（自分自身の存在の開始）」の問題。「本当の父親ではなかった」という言葉（Ⅲ―1）。「なぜ私を生んだのか」という「未生怨」の問題（Ⅲ―2）。「気がついた時には、もう、いた」という、ハイデガー「被投性」、九鬼周造「偶然性」（Ⅲ―3）。アレントの「出生性」における「感謝」（Ⅲ―4）。「生まれること（誕生・出生）」は感謝に満ちた喜びなのか。それとも「理由なく投げ込まれてしまった束縛・制約・重荷」なのか。「感謝」と「未生怨」を両極に、私たちは激しく揺れることになる。

舞台Dは、「生まれてこなかった不思議」。あるいは、「生まれてきた（自分の出生）」と「生まれてこない（自分の非在）」が同列に並ぶ地平。まず「生まれなかった胎児の語り」を聴く。「生まれることはよいことなのか」という問い（Ⅳ―1）。続いてその語りを相対化する二本の補助線を引く。ラカンの「対象a」（Ⅳ―2）、埴谷雄高の「未出現」（Ⅳ―3）。

舞台Eは、「不生の地平」。「いなかった」という過去ではなく、今も働いている「不生」の位相。「生まれてこない」という存在の仕方。盤珪禅師の「不生」の思想を、アガンベンの概念「潜勢力」を手掛かりとしながら受け入れる。生きている私たちの根底に「生まれてこない（自分が生まれなかった）」という位相が、今も、現に働いている（Ⅳ―4）。

五つの舞台（本書の流れ）

A　死の不思議から誕生の不思議へ（Ⅰ章）

「死の問い」と「誕生の問い」との関連を主題とする。

B　存在の問い（Ⅱ章）

「性の問い」と「存在の問い」を区別しつつ、両者の関連を主題とする。

C　自分の誕生（Ⅲ章）

「赤ちゃんの誕生」と「自分の出生」を区別し、「自分の出生」を主題とする。

D　生まれてこなかった不思議（Ⅳ章—1〜3）

「生まれてきた不思議」と「生まれてこなかった不思議」を区別し、「生まれてこない」視点から「生まれてきたこと」を問い直す。

E　不生の地平（Ⅳ章—4）

「〈自分がいなかった〉という過去」ではなく、「今も働いている〈自分がいない〉という出来事」（不生の地平）に焦点を当てる。

語られなかった言葉

「語られた言葉」は、多くの〈語られなかった言葉〉に支えられている。

「生まれてきた者」も、多くの〈生まれてこなかった者〉に支えられている。

大切なのは、「語られた言葉」の背後に〈語られずに身を引いた無数の語られなかった言葉〉を聴くことができるかどうか。そして、「生きている者たち」の背後に〈生まれることなく身を引いた無数の生まれてこなかった者たちの声〉を聴くことができるかどうか。

「生まれてきた不思議」と「生まれてこなかった不思議」が同じ切なさをもって語られる地平に触れていたいと思っているのである。

補説　「インファンティア」という言葉について

本書における「インファンティア」という言葉は、「子どもの頃に感じた、言葉によって写し取ることのできない、在ることの不思議」を意味する。

その出自は現代イタリアの哲学者ジョルジョ・アガンベンの論文「インファンティアと歴史」（『幼児期と歴史――経験の破壊と歴史の起源』上村忠男訳、岩波書店、二〇〇七年、Giorgio Agamben, *Infanzia e storia. Distruzione dell' esperienza e origine della storia*, 1978）。しかしその用語法をそのまま踏襲するわけではない。アガンベンは infanzia を「語り得ぬこと」と規定した。「子ども・幼児期」の意味ではなく、「語り得ぬ位相（言葉で捉えることができない位相）」。あるいは「言語活動を持たない状態」。

＊　イタリア語 infanzia は、まず「子ども・幼児期」を意味する。しかしラテン語 infans は、まず「無言の、黙っている」を意味し、続いて「幼少の、か弱い、子どもじみた」を意味する。またラテン語の infantia は「訥弁《とつべん》（つかえがちな下手な話し方）、話題が乏しいこと、子どもらしいこと」。アガンベンはこの言葉の持つ「語らぬ、語り得ぬ」の側面を強調したことになる。

＊　『幼児期と歴史』の訳者上村忠男氏は、infanzia を「インファンティア」と「幼児期」とに訳し分けている。とりわけ、原語が in-fanzia とハイフンを伴った特別な用語法である場合、しばしば「インファンティア〔いまだ言語活動をもつにいたっていない状態〕」というカッコによる説明を付けた訳語を用いている。

なお、英訳は infancy、仏訳は enfance と置き換えることによって、infanzia に含まれるこうした二重の意味を表現できるのだが、面白いのは独訳である。ドイツ語は、文脈によって、In-fantilität と Kindheit（子ども性）に訳し分ける。邦訳における「インファンティア」と「幼児期」との区別と、完全に合致するわけではないとしても、かなり同型の訳し分けである。

本書の用語法はそうしたアガンベンの規定を受け継ぎつつ、しかしそこにあらためて「子ども」の意味を回復させる。つまり、子どもの頃の不思議。言葉によって写し取ることのできない在ることの不思議が、子どもの内に現れてくる出来事である。しかし、こうした読み込みはアガンベンの意図を損なうことにならないか。アガンベンのテクストを見ておく。

「インファンティア」を「いまだ言語活動を持つに至っていない状態」と述べたアガンベンは、しかしそれが、言葉を語り始める以前のことではないと言う。言語習得以前の乳児の話ではない。あるいは、考古人類学が想定するいまだ言語活動を持たないホモサピエンスの話でもない。そうではなくて、それは、私たち人間の経験の一つの位相である。「人間的なものと言語的なものとの間の差異」。あるいは、「言語活動の超越論的限界としての経験」（『幼児期と歴史』八九頁）。

＊　井筒俊彦の用語法を重ね合わせると「インファンティア」は「分節態」に属さない。正確には、「言語的なもの」が「分節態」、「人間的なもの」が「無分節態」に対応した上で、アガンベンは「インファンティア」という言葉によって、分節態と無分節態との「差異」を強調したことになる。

＊　以下、引用に際しては邦訳を参照しながら新たに訳した場合が多い。

アガンベンはまず「超越論的主体（主観性）」を批判し、主体は言語活動においてのみ成り立つと言う。あらかじめ主体が存在しており、その主体が「語る」のではない。「語る」ことによって初めて「主体」が成り立つ。「主体性とは、話し手がわたしとして自分を差し出す能力に他ならない。La soggettività non è che la capacità del locutore di porsi come un ego.」（同書、七九頁、pag.43）。

ということは、主体が「言語活動を持たない状態」を経験することはありえない。主体は、言語活動によって初めて成り立つ。というより、主体は「言語活動を持たない状態」を「剝奪する」ことによって成り立つ。つまりアガンベンは、インファンティアが「主体以前のもの、すなわち、言語活動以前のものでしかありえないだろう」と、一度は、語るのである（同書、八二頁、pag.45）。

＊「剝奪する」の原語は espropriazione（例えば pag.45）。この言葉には「強制収容する」という意味もある。独訳は die Enteinigung（S.69）、仏訳は expulsion（p.87）。しかし以下見るように、この「剝奪する」という動詞は、一方向的ではなく、いわば、相互に剝奪し合う関係の中で用いられることになる。

ところが実は、アガンベンは「言語活動以前」と「言語活動」を区別すること自体を否定する。後者（言語活動）が前者（言語活動以前）に取って代わるという理解を拒否するのである。インファンティアは主体以前の「心理的実体」ではない。「主体以前のところにある〈心理的実体 sostanza psichia〉としてのインファンティアという考え方は、言語活動以前のところにある主体という考え方と同様、一つの神話である」（同書、八四頁、pag.46）。

つまり、インファンティアは「いまだ言語活動を持たない状態」であるのだが、しかし「言語以前（主体の成立以前）」の単なる一段階ではない。時系列において、インファンティアが言語活動に先行し、ある時点に至ると言語に回収されてしまうのではない。むしろアガンベンによれば、インファンティアが言語活動の起源である。正確には、インファンティアと言語活動が循環し合っている。「インファンティアが言語活動の起源であり、言語活動がインファンティアの起源である。その循環の中にこそ、人間のインファンティアである限りでの経験の場を探し求めなくてはならない」（同右）。

「循環」はこうも説明される。インファンティアはその最初から言語活動と共存しており、それどころか、インファンティアは言語活動によって剝奪されるという仕方で（自らを）構成している。

こうした逆説をもってしか語り得ない事態。言語活動はインファンティアの剝奪（espropriazione 強制収容）によって成立し、逆にインファンティアは言語活動によって剝奪されるという仕方で成立する。互いに制限し合い、制限し合うことによって、初めてそれぞれ構成される。「互いに制約し合い、構成し合っている」（同書、九〇頁、pag.50）。

そうした意味において、言語活動の中に、インファンティアは、現に、働いている。「インファンティアは何よりも言語活動に作用を及ぼし innazitutto、本質的な仕方で条件づける」（同書、八九頁、pag.49）。

インファンティアは言語活動が開始する以前の純粋な「人間的なもの」ではない。そうではなくて、「人間的なものと言語的なものとの間の差異」である。そうした「差異（ズレ、隙間、閾）」がなかったら、経験を語ることはできず、歴史も生じない。人間の経験も歴史もインファンティアに発し、そこに根づいている。言語活動の中に、インファンティアが、現に、働いている。後に見る用語法で言えば、インファンティアは「潜勢力」として言語活動の中に働いているということになる（本書二三四頁以下）。

＊「すでに言語活動の準備ができた状態で生まれてきた人間、つねにすでに言語をしゃべっているような人間を思い浮かべてほしい」とアガンベンは言う。そしてそうした人間を「インファンティアを持たない人間」と言い換える。「インファンティアを持たない人間」に「歴史（物語・来歴）」は生まれない。なぜなら歴史を生み出す差異が成り立たないから。「言語活動と人間的なもの」とが分化せず一体になっている。そうした人間は、「生命的活動と混ざり合っていて、それを対象として自らに対置させることは決してできないだろう」と言うのである（同書、九二―三頁）。

本書はこうした意味を受け継ぎながら、あらためて、そこに「子ども・子どもの頃」の意味を回復させる。子どもたちが体験する語り得ぬ不思議。子どもの頃に感じた、言葉によっては写し取ることのできない、在ることとの不思議。しかも大人になる以前の純粋状態ではない。大人になっても消えることなく、大人のうちにも、現に、働いている。つまり、インファンティアは、潜勢力として、私たち大人の中にも働いている。大人の中に潜勢力として働くインファンティアということになる。

「誕生のインファンティア」とは、誕生をめぐって子どもが体験する語り得ぬ不思議であるとともに、私たち大人の中にも現に働いている「不思議」である。子どもだからこそ感じる神秘が私たち大人の中にも働いている。残滓として保存されているのではない。アガンベンに倣って言えば、大人のコトバ（理解・概念）によって剝奪されるという仕方で構成される。私たち大人のコトバ（理解・概念）は淡く繊細な不思議を剝奪することによって成立し、しかし逆に、そうした不思議は、概念に剝奪されるという仕方で概念を制約し、互いに制約し合う仕方で、今も働いている（インファンティアは単なる可能態ではなく「潜勢力」であり、他方、大人の理解も単なる現実態ではなく「現勢力」である。本書二三二頁）。

こうした意味において、本書における「インファンティア」は、「子どもの頃に感じた、言葉によって写し取ることのできない、在ることの不思議」である。

＊ 本書をあらかた書き終えた時点で「インファンス」に関する貴重な論考に出会った。森田伸子「ポストモダニズムとインファンス」（増渕幸男・森田尚人編『現代教育学の地平――ポストモダニズムを超えて』南窓社、二〇〇一年）。私は以前この本の書評を書いたことがあるから（『図書新聞』二〇〇一年七月七日）、当然この森田論文も読んでいたはずなのだが、その時は十分に理解できなかったことになる。「主体化に抵抗する存在」としてのインファンスという視点。考察は、アガンベンの「インファンティア」に先立つ議論について、まずリオタールの「インファンス」論を咀嚼し、次に、アウグスティヌスやルソー、そしてフロイトにおけるインファンスを確認し、その後、クリステヴァとドゥールーズ゠ガタリの議論を描き出す。本書で言えば、「フロイト」「クライン」の地平と「インファンティア」の関連を解き明かしていた。重要な先行研究を見落としていた不備は否みようがないが、本書における「インファンティア」の議論はこうした論考によって補われるべきことを記しておく。

Ⅰ　死の不思議から誕生の不思議へ

この本の主題は誕生である。しかし死の問題も見ておく。学生たちに語る時、いつも死の問題と誕生の問題をワンセットにして、しかも「死の問い」を先に語ってきたからである。

どうやら、私たちは、子どもの頃、「誕生」よりも「死」に注目する。関心を持つ時期も「死」の方が早い。少なくとも「死への関心」に先立って「誕生への関心」があったという報告には（今のところ）出会ったことがない。とはいえ、学生たちの記憶も曖昧であり、とりわけ「時期」や「順序」に関する正確さは期待できない。むしろ「時期」の正確さよりも、心に浮かんできたことを思い出すまま何でも書き留めてほしいと、学生たちに頼んだのである。

＊　子どもたちは「誕生と死」をワンセットに考えたりしない。「誕生と死」をワンセットにするのは大人の論理であり、ましてどちらの関心が先立つかなどという問いは、研究者の関心にすぎない。それを承知

の上で、しかしなぜ死への関心が先立つのか。「在る」と「無い」の問題として考えた場合、「〈在る〉がいなくなる」ことと「〈無い〉があるようになる」ことの関係と一般化してよいのか、課題は多い。

I—1　子どもの頃、死をどう感じていたか
——子どもの頃の「死のイメージ」

では、学生たちは子どもの頃、死についてどんなことを考えていたのか。

例えば、眠る前の夜の暗闇。「……子どもの頃、就寝前の暗闇の時間がいやでした。僕が死後のことを考えるのはいつもこんな時間でした。幽霊の影におびえ必死に早く眠ろうと努力しながら、片方ではお墓の中の気分を味わっていました……」。ずっと暗闇の中で動くことができない。時々お参りの人が来て何か話を聞いてお供えをいただいて、そしてまた一人取り残される……、とそんなことを考えていたという。

「熱を出して学校を休み一人ふとんで寝ている時」を思い出す学生もいる。明るく元気な昼間ではない。一人フトンの中で熱に浮かされながら味わった心の中の「心象風景」。普通はあまり語られない。しかし心の底に沈んだまま決して消え去ることのない、言葉に馴染まない、身体感覚に近いような、ある種の「イメージ」。学生たちもしばしば、「大人になってから解釈しているだけかもしれないけど」と

気にしながら、それでも、子どもの頃を振り返るという仕方で、言葉にしてくれたのである。

子どもによっては「浮かんだ状態」を体験することもある。「目をつむると光の残像がまぶたの裏に見えるが、あれだけが見えている状態が永遠に続いていく。何も聞こえず、何も感じず、ただ浮かんだり消えたりする光を追い続けることになる」。

中には「自分が消えてしまうに近い」と書いた学生もいる。「……真っ暗な宇宙の中に一人浮かんでいる。何の音もしない。誰もいない。途方もない寂しさが押し寄せてきて、僕はほとんど毎回泣きながら母を呼んだ……」。

こうした恐怖は自然なことなのか、それとも何らか危険な兆候なのか。この報告に限ってみれば心配ないどころか、幸せな思い出であるだろう。泣くことができ、母を呼ぶことができ、そしておそらくその後、安心して眠ることができたに違いない。そうした意味では、「報告できる（文字にすることができる）」という時点で既に「健康な思い出」なのだろう。本当に深刻なのは、こうした報告などでは語ることのできない体験であり、さらに危険なのは、当人自身にも意識されない「（抑圧されてしまった）イメージ」であるのだろう。

ところで毎年、数は多くないとしても、「地獄」という言葉が登場する。「……三―五歳くらいの時、地獄というものがとても怖くて、よくうなされていました。親は、地獄なんてないんだよ、と言って私をなだめていましたが、それでも私の中の恐怖心が消えることはありませんでした。夜に電気を消すことを極端に恐れていた記憶があるため、おそらく、死＝地獄＝暗闇というような発想だったのではないかと思います……」。

現代日本の子どもたちの心の中には、どれほど「地獄」が意識されているのだろうか。

実は、こうした「地獄」に対する不安が、道徳と結びつく時、話は難しいことになる。「悪いことをすると地獄にゆく」という脅しに近い道徳意識の問題。「いい子にしていたら天国に行ける。いい子にできないと地獄に落ちてしまう」。それは誰もが一度は、心のどこかで感じることなのか。それともある特定の文化の中で、大人によって（権力によって）、「民衆統治のための操作」として植えつけられるということなのか。「道徳教育のために地獄を利用する」という発想に私は賛成しない。子どもたちに恐怖を与える手段として「死の教育」を利用してはいけないと思っているのである。

＊ この関連で興味深いのは、カトリック教義における「煉獄 Purgatory」である。「煉獄」は死後の魂が、最終審判を下されるまでの期間、留まっている中間状態。魂は自分自身ではもはや功徳を積むことができないかわりに、教義に依れば、生者たちの祈りによって、魂の負債を減免してもらうことができる。生者が死者のために行う「とりなしの祈り」によって、死者の魂が浄化される。ということは、そこには生者と死者との大きな共同体が成り立っている。死者の希望は、ひとえに生者の行いにかかっている。そしてその生者も、いずれ黄泉に下る時、次の世代の生者によって支えてもらうしかない。そうした世代連鎖のサイクルが考えられている。死者は生者の助けを必要とし、生者は死者のために祈るという仕方で、死後「イメージ」が、生者の道徳規範と結びつき、人々の社会生活を直接的に規定する。当然、個々の文化によって異なる形態をとりながら、そうした大きな構図が、人類の歴史の中には繰り返されてきた。

無邪気な残酷、好奇心

ところで学生たちの報告にはよく小さな生き物が登場する。小さな虫を殺した経験。「後悔」という言葉が多い中で、まったく逆に高揚感を報告してくれた学生もいる。

「……小さい頃にアリを手当たり次第踏み続けて玄関先のアリを全滅させてしまったことがある。なんだかレベルアップした気分だった……」。

レベルアップした気分。おそらく「いけないこと」と知りながら、でも、できてしまう。小さなアリを踏みつぶすという仕方で生きる力を体験する。この子だけが特別なのではない。すべての子どもの中にそうした力が存在している。

あるいはこんな報告もある。「……体のどの部分をとったならば、生き物は死んでしまうのか不思議に思った。まず足をとってみる、次に腹をとってみる、胸をとってみる、頭をむしってみて動かなくなるまで見ていました……」。残酷と目を閉じてしまったら子どもが見えなくなる。おそらく自然な好奇心なのである。その代わり、その体験をどのように思い出すか、思い出す時が重要なのかもしれない。その体験をどれだけ大切にできるか、その体験とどのように向き合うか。

もうひとつ、四歳の時におじいさんを亡くしたという学生はこんな報告をしている。「……祖父がなぜ寝続けているのかと不思議に思った記憶がある。周りの大人たちが泣いているのが不思議で、親に尋ねると、天国に行ったのよ、という。幼いながらに、それはいいことだ、と思った。しかし、わけのわからないまま葬式になり、火葬になり突然、骸骨になった祖父を見てびっくりした。その時の驚きといったら想像もつかないぐらいだった。でも、その時は好奇心のあまりその骸骨を見たくてたまらなくて、背の高い大人をかき分けて前まで出てきた。それを見ても悲しくなかった。周りの大人が泣いているのに自分だけ泣いていないのに気まずささえ感じていたと思う……」。

寝ているると思ったおじいちゃん。「天国に行った」と聞かされる。ところが火葬になり、「骸骨」となった姿を目にする。仰天したけど好奇心が勝っていた。もちろん子どもによって違う。身が竦《すく》んで凍りつき抑圧してしまう（見なかったことにする）子どももいる。だから一緒に連れてゆくべきか、そのつど慎重に見極めるしかないのだが、学生たちの報告を見ていると、一緒に参加させてもらう方が、子どもにとっては、望ましいようである。

「死への引力」

ところで、今度は、子どもの頃、病弱であったという学生の報告に目を止めてみる。

「……私は生まれてすぐに大病し、虚弱体質であったため、親は私の健康に異常に気を使っていました。病院や検査が日常的でした。そのため私は自分と死との距離を近く感じましたし、死とは気を抜いたらすぐに訪れてしまうものだと思っていました……」。

死はいつ忍び寄ってくるかわからない。気を抜くとすぐに吸い込まれてしまう。「死との距離」が近い。もしかすると、それは、この子だけに限らない。実はすべての子どもたちの心の奥底にこの感覚が潜んでいる。「死への引力」とでも呼ぶしかない重力に近い感覚。生きるとは重力に逆らって先に進むこと。誕生するとは重力に逆らって打ち上げられること。進む力が弱ければ、重力に従って、簡単に引き戻される（死んでしまう）。元の所に連れ戻される。

そう思ってみれば、子どもたちは、死について話を聞くよりずっと以前から、何らか「死」を感じているのかもしれない。「それ」から必死に逃れている当の「それ」として。生きるとは「それ」から離れること。子どもたちは「それ」を、身体感覚の位相において、もしかすると私たち大人よりよほど敏感に、感じとっているのかもしれない。

＊ 今日でも原因不明とされる「乳幼児突然死症候群 sudden infant death syndrome」。健康に見えた乳児が突然呼吸停止を起こし死亡する。多くの場合何の前触れもなく苦しんだ様子もみられない。原因として呼吸器の先天的疾患など議論が分かれているが、睡眠時に生じるこの出来事に関して、乳児の眠りがあまりに深いために、より深い「(本当の)眠り」に入ってしまうという説もある。後に見る漱石の五女「ひな子」もこのケースに近いと考えられている(本書四四頁以下)。

とはいえ、子どもの頃に病弱だった学生の言葉は、他の学生たちの言葉と微妙に色合いが違う。では一般に、病床の子どもたちは、死についてどんなことを感じているのか。

キュブラー・ロスによると、三—四歳の子どもも自分の死に気がついている。そして大人たちが語るべきか迷っているうちに、子どもの方から語り出す。そう言って、例えばある四歳の少年を紹介する。「僕の病気とても悪いみたい、だからこれから僕、死ぬんだと思う」。

一年前だったら耐えられなかった母親も長い看病と支援のおかげで準備ができていた。「どうなると思うの」。少年は、およそ、こんな風に答えたという。「ママは僕を救急車に乗せて病院からベス・アンのいるところ（知り合いが眠る墓地）へ連れていくだろうね。救急車にライトをつけてサイレンを鳴らすように言ってね、そうすれば、ベス・アンも、僕が来たってわかるから」。

四歳の子どもでも、死についてこんな風に語る。ただしそれは、ロスに依れば、大人たちがその言葉に耳を傾ける場合、そして、そこから逃げない場合に限られる。重病で何カ月も入院している子どもたちは急速に心理的に成長し、同年齢の子どもたちよりはるかに成熟しているというのである（ロス『死ぬ瞬間の子供たち』川口正吉訳、読売新聞社、一九八二年）。

こうした「急速な心理的成長」については、ユング心理学における「個性化」と関連させる仕方で、死に直面することによって子ども時代にも「個性化」に相当する変容プロセスが生じうるという指摘がある。

＊「子どもの個性化」については、マラ・シドリ他編『子どもの個性化――ユング派の子どもの心理治療』（氏原寛他訳、培風館、一九九二年）。また、「個性化論」の中の「子どもの個性化」をめぐる議論については、アンドリュー・サミュエルズ『ユングとポストユンギアン』（村本詔司他訳、創元社、一九九〇年、一九二頁以下）に言及がある。

がん病棟の子どもたち

もう一つ、年齢は少し上になるが、「小児がん」で入院した経験を見ておく。入院生活の中で、子どもたちがいかに気を遣っているか（小俣智子「子どもたちにとって『死』とは――小児がんの経験から」『緩和医療学』四巻三号、二〇〇二年）。

この人は、十三歳で「お腹にこぶがあるため大学病院に入院する」と言われた時、既に「がん」という言葉を思い、「死」を連想したという。救急車で大学病院に運ばれ、大勢の医師や看護師に出迎えられ、苦痛を伴う骨髄穿刺の検査が行われ、入院生活が開始されてしばらくした頃、たまたま両親が医者から借りていた白血病の専門書を目にして自分の病名を知ってしまう。「……病名を見た瞬間、文字通り目の前が真っ暗になり、〈大変な病気〉、〈死ぬかも知れない〉は、〈死ぬ病気にかかった〉に変わった。文書で事実を確認したこともさることながら、周囲が病名を隠していること自体がこの考えを決定づけた」という（傍点は西平）。

周囲が病名を隠しているという、そのことが「死ぬ病気」という考えを決定的にした。隠されている。話してくれない。そのことが子どもにとっては決定的なメッセージとなるということである。

しかもこの人は、病名を正式に告知されるまでの七年間、誰にもそのことを語らなかったという。
「……病名を知ったことを誰にも打ち明けなかった。なぜ打ち明けなかったのかについては、周囲が隠しているのだから言ってはいけない、言葉に出したら本当のことになってしまう、いつ死ぬかわかってしまう、自分が知っていると両親が知ったら悲しむなどの思いが私の中で交錯していた」。

注目したいのは「言葉に出したら本当のことになってしまう」という点である。「死ぬ病気」であると「言葉に出したら」それが本当のことになってしまう。言葉に出さずに自分だけの内側に閉じ込めておくことによって、「本当のこと」にならないように、遠ざける。そしてその同じ思いが両親の側にもあれば、どちらも語り出すことがない。実際この人は最後まで両親と病名について話したことがなかったという。「お互いを思いやるあまり、子どもと子どもを想う周囲の大人に悲しい溝ができてしまう」というのである。

そして同じ小児科病棟で過ごした仲間たちのことも語られる。「仲間が亡くなると、あるいは亡くなりそうになると、私たちはそれにいやでも気づくことが多かった」。

しかしそれを「周囲の大人たちが隠している」とわかると、「私たちは仲間が死んだと知ったことを決して大人には言わなかった」。大人が隠しているということを自分が知っているということすら、「言ってはいけないと当時考えていた」というのである。

大人たちは子どもを気遣って秘密にする。だから子どもたちも、たとえそれに気づいたとしても、知らないことにする。決して口には出さない。

もちろん口に出して話し合うことが必ずよい結果をもたらすという保証はないのだが、しかし慎重に「話し合う」方向に進むことが、子どもにとっても大人にとっても成長になるのではないかと、この人は、当時を回想しながら考えている。

＊　子どもの終末期医療については、細谷亮太「小児における終末期医療」（『シリーズ生命倫理学4　終末期医療』丸善出版、二〇一二年）。なお、細谷氏の多くの絵本、例えば、『おにいちゃんがいてよかった』（岩崎書店、二〇〇三年）なども参照。

年齢、家族、健康、時代

さて、こうして見ると、子どもの頃の「死のイメージ」は、実に多様な要因によって影響されている。親子関係や家庭環境が大きな要因であることは間違いない。同じ病床でも、親子関係によって死のイメージが違ってくる。当然同じ年齢でもその健康状態によって大きく違う。まして戦争や災害など、その時代状況によって大きく影響される。

そして、どうやら子どもたちは（私たちは子どもの頃）、自分の心の中の思いを素直に感じ取っていた。逃げなかったということなのか、逃げる「ずるさ」を知らなかっただけなのか。大人になるとは「考えても仕方がない」という言い訳を身につけることなのだろうか。

死について大人の方が子どもより「わかっている」のか。逆に子どもの方がよく「わかっている」のか。どうやら大人も子どももよく「わからない」。おそらくその地平が、子どもと大人のやりとり（つながり・話し合い）の原点なのだろう。

デス・エデュケーションが浮き彫りにする困難――死体という問題

ところで、視点を換えて、デス・エデュケーション（授業における死の教育）をみる。私自身が中学生や高校生を相手に授業を試みる中で感じた困難である。授業ではしばしば絵本を使う。例えば、よく知られた絵本スーザン・バーレイ『わすれられないおくりもの』（小川仁央訳、評論社、一九八六年）。

年老いたアナグマは、もう自分の人生が長くないことを知っている。ある晩、暖炉の前で、一通の手紙を書いた後、眠りにつくと、そこは暗いトンネル。走れないはずの自分が上手に走っている。そのうち体がフーと浮き上がるのを感じたところで、場面が変わり、翌朝。みんなが訪ねてゆくとアナグマさんは亡くなっている。暖炉の前に置かれた手紙。「長いトンネルのむこうに行くよ。さようなら。アナグマより」。

みんな悲しくなる。でも話しながらいろいろ思い出す。モグラ君は切り紙を教えてもらった。カエルさんはスケートを教えてもらった……。アナグマさんは、みんなの心の中に残っている。姿は見えなくなってしまうけれども、みんなの心の中にはずっと生きている。そう締め括られる物語である。

絵本の色合いも、話の流れも、とてもさわやかである。何度も使わせていただきながら、ある時、ふと気がついた。ここには「死体」が出てこない。「みんなの心の中に残っている」という点は強調されるが、「死体」は隠れてしまっている。もちろんこの絵本はそれでよいのだし、とりわけ、身近な人の死に出会った子どもたちにとっては、そうした理解こそ慰めになるのだろうが、しかし「死の教育」を考えるという場合、はたしてそれだけでよいのか。「死体」を隠してしまってよいのか。

そこで、ある時期から、別の絵本も使うことにした（近藤薫美子『のにっき——野日記』アリス館、一九九八年）。この絵本には言葉がない。……最初から画面いっぱいにイタチのお母さんの死体。その傍らで子どものイタチが泣いている。ところが、その死体に虫たちが集まってくる。みんなにとっては大切なご馳走なのである。そして冬のある日、タヌキが来て、頭をガブッと食べて、骨だけになる。しかし春になるとまた新しいイタチが現われ、そのイタチが今度はネズミを捕まえる……という話の筋である。

この絵本は、「死ぬ」とは死体になることであると、はっきり伝えている。しかもその死体を他の虫たちが食べる。「生命の連鎖」をはっきり描いている。心の中の思い出として残るのではない。一つの命が死んで、その死体を別の命が食べる。生きるとは、別の命をもらうということ。その事実をはっきり伝える絵本である。

ところがこの絵本を使うと、クラスの何人かが眼をそむける。あるいは、気持ち悪かったという感想が来る。私は戸惑いながら、でも死という出来事にはこうした側面も含まれていることを知ってほしいと伝える。しかしそれは決して事実を直視せよという意味ではない。というのは、私は、より一層リアルな絵本を使うことはしないからである。

例えば、『死を食べる』という写真集（宮崎学『死を食べる』偕成社、二〇〇二年）。……道路でキツネが車にはねられて死ぬ。そのキツネの死体の横にロボットカメラを据えつけておく。死体がどのように変化していくか。数カ月にわたって写真で撮り続けるというリアルな死体の写真である。もちろん貴重な写真集で、私もこれを通して初めて知ったことがたくさんある。例えば、キツネが死んでしばらくするとノミやダニが浮き上がってくる。冷たくなった死体に用はない。別の生き物に移っていく。そうしたリアルな死体の変化を通して、死という現実を伝えてくれている。

確かにそれが現実である。しかし私は授業の中でこの写真集を使うことはない。全員に（強制的に）見てもらうことは適切ではないと考えるのである。ただし私の行う実験授業では、そうした判断の是非を生徒たちに尋ねる。見たいと思うか。むろん見たい人は授業の後に見ることができる。しかし全員一斉に（強制的に）見せることは適切ではないと私は判断する。そしてその判断に対する賛否を聴く。「隠さない方がいい、みんなに見せてから感想を聞けばいい」という生徒もいれば、「見なくてすんでよかった」という生徒まで、様々である。

ここで重要なのは、私たち大人が「判断」から逃れることはできないという点である。何らの判断もせずにすませることはできない。仮にすべて見せて子どもたちに任せるとしても、それも既に一つの判断である。私は『野日記』までは見てもらいたいと判断する。しかしある子どもにとってはそれすら既に不快である。もしくは、そもそも死の話など聞きたくない。それでも聞いてもらうとしたら、どこまで、どのように話すか。

たとえ現時点では子どもたちが望んでいなくても、「子どものためを思えばこそ」、多少無理をさせても伝える。あるいは逆に、「子どものためを思えばこそ」、今は制限する。そう考えてみれば、では一体どうすることが「子どものためになる」ことなのか。その問いが切実になる。

むろん、大人はできる限り介入しない方がよいという意見は成り立つ。子どもの好奇心に任せるのがよい。子どもは「それほど軟《やわ》ではない」。そうも思うのだが、しかし重要なのは、それも既に一つの大人の側の判断であると自覚しておくことである。「子どもの好きにさせればよい」という言葉によって、子どもたちへの責任（応答）が免除されることはない。大人は子どもたちの話し相手になる義務から免れることはできない。子どもたちを信頼しつつ、しかし放り出すのではなく、いつでも話し相手になる（やりとりする）準備をしておくことが大切になる。

同じ問題は、死の問題にまるで関心を示さない子どもの場合にも当てはまる。いかに授業の中で関心を持たせるか。しかし本当にすべての子どもが死について勉強しなければならないのか。死という出来事に（今は）まるで関心がない子にも教えるべきことなのか。そうした問いを自覚しつつ（その問いに答えてからではなく）、問いを抱えたまま、子どもたちの話し相手になってゆく。そのための話題提供がデス・エデュケーションなのではないか。

どうやら、子どもたちにとって大切なのは、話ができるということなのである。話を聴いてもらうことができ、言葉を掛けてもらうことができる、あるいはむしろ沈黙を共にすることができる。そうした関係性（つながり・やりとり）。しかしその関係性を初めから「対等」なものと考えるのは適切ではない。理念型として（最高に良い状態の場合）対等な人と人のつながりになることはありうるとしても、しかし最初から大人の側がそれを期待すると、実際にはうまくゆかない。むしろ大人の側が判断する（大人の側がより多く配慮し義務を負う）。そうした意味において非対称な関係性を土台とした上で、そのつど、対称的な（対等な）関係を工夫してゆくことが求められているように思われる。

一つの命は大切か

もう一つだけ、別の困難。私たちは子どもたちに「一つの命は大切である」と教える。ところが自然の営みの中では「一つの命」はあまり大切ではない。たくさん生まれて、たくさん死ぬ。本当は、私が命を持っているのではなくて、いのちが私になっている。自分の命だけが特別に重要なわけではなくて、脈々と流れている「大いなるいのち」が主人公である。そうした思想をどう伝えたらよいのか。あるいは、学校教育においては、伝えるべきではないのだろうか。

＊　デス・エデュケーションは困難を極める。しかしおそらくその要点は「手際よく済ませる」ことではなくて、むしろ「自らを問題の深みに巻き込ませる」ことであろうと思われる。教授法（教材の内容や教え

方）の工夫と同じだけ、教師自身が困難を引き受ける（悩み・迷い・立ち止まる）。一人で悩むことが目的ではない。悩み・迷い・立ち止まるという仕方で、子どもたちと新しい質の関係を創り出す。子どもたちと共に悩むという仕方で、子どもたちと新たなやりとりを創り出してゆく。その意味において、デス・エデュケーションは、教育（学校化された教育）を根底から問い直す貴重な突破口になると考えているのである。さしあたり、拙論「『死の教育』からの問い——デス・エデュケーションの中の生命倫理学」（『シリーズ生命倫理学　4　終末期医療』丸善出版、二〇一二年）、および、拙著『教育人間学のために』（東京大学出版会、二〇〇五年）。

I—2　本当は兄弟がいた
——夭折した姉妹・生まれてこなかった兄弟

学生たちの報告を読み続けていると、それまで「例外」として扱ってきた個別の報告が、ある共通項の下に、一つのまとまりをもって姿を現すことがある。例えば、「母親から流産の話を聞いた」という話と「夭折した兄弟」の話。しかもこうした報告は、「死」のテーマの時にも「誕生」のテーマの時にも登場する。「僕は戸籍上三男なのですが、でも……」と始まる報告。「本当は兄弟がいた（今はいない）」。そうした事実を子どもの頃、どう体験し、大人になってからどう思い出すのか。

＊　誕生の問題でも死の問題でもありうる、ということは、「死」と「誕生」が分化されずに体験される出来事。もしくは、誕生という出来事の内側に秘められたインファンティアの位相に触れているということである。

夢の中の兄、写真の赤ん坊

ある学生はこんな報告をしてくれた。「……母は私を産む前に二度の流産を経験しており、そのことはずいぶん幼い頃から知っていました。幼稚園から小学校にかけて、夢の中で何度も兄と姉を見ることがありました。まったく違和感がなくて、特別優しかったり意地悪だったりもせず、ただ兄と姉と過ごしている夢でした……」。

夢の中でお兄さんたちと一緒にいる。違和感はなく、特別な存在でもなく。おそらく家族の中でも「お兄さん・お姉さん」の話が自然に会話に出ていたのだろう。お兄さんたちには名前があったのだろうか。

しかし「夭折した兄弟」の報告は少し違う。仏壇の上に祖父や叔父の写真と並んで赤ん坊の写真があったという。自分が生まれた時には既に亡くなっていた「姉」のこと。

「……幼い私にとって、彼女は亡くなってしまった人間というよりは、むしろその仏壇の部屋の上から写真の中で見守っている存在でした。……その頃、仏間の上方から見下ろしている彼女が自分の姉であることすらうまく飲み込めていませんでした……」。

もちろん見たことも会ったこともない。実際に目に入るのは「赤ん坊」の写真。その（自分より小さい）赤ん坊が、自分の姉であること。そうした状況の「正確な理解」は何歳頃から可能になるのか。というより、その状況の正確な理解とはどういうことなのか。年を重ねるごとに、その「姉」も一緒に年を重ねてゆくのだろうか。

この学生はこう続けていた。「……死者に対する言い知れぬ畏怖感というものは心の中にあり、遺影の彼女らに対し（特に姉である赤ん坊の写真と）私は面と向かって直視することが憚られたのでした……」。

直視することが憚られた、上から見つめている「赤ん坊」。そうした存在と常に共にあった子どもの頃の経験は、この学生の心にどのような影響を残しているのだろうか。

ところで、本当は兄弟がいたという話を聞いて、こんな体験を思い出した人もいる。

「……ある時母に、実は流産してしまった兄がいたということを聞かされたのです。それを聞いた私はそのことが頭を離れなくなりました。それからしばらくして、一人で本を読んでいた私は、窓を誰かが、小さな手が、開けようとしていることに気づきました。ガタガタと窓が揺れ、その時感じた恐怖は今でも忘れることができません。しかし同時に私はその手の持ち主が死んでしまった兄だとなぜか直観的に感じていました。今考えれば、どうみてもそれは近所の小さな子どものいたずらにすぎないと思いますが、当時の私は「兄が私に会いに来たのだ」と恐怖と同時に、すんなりと受け入れていたのです。それ以後私は決して生き物を殺さなくなりました……」。

もしかすると、この最後の一文が重要なのかもしれない。「それ以後生き物を殺さなくなりました」。

「兄が訪ねてきたと感じた」ことと「生き物を殺さなくなった」ことの間には、直接的な因果関係はない。「ない」のだが、しかし心の中ではつながっている。「生まれてこなかった兄」が「生き物」の窓口となる。奇妙に感じられるこのつながりは、後に見る「不生《ふしょう》」という言葉の地平から見るとよくわかる。この「生き物」は「不生の位相」の代表なのである。「死」と対立した「生」の生き物ではない。死も生も包み込んだ、大いなるいのちの流れとしての生き物。「生まれてこなかった兄」は、そうした「大いなるいのちの流れ」の象徴だったことになる。

おそらくこれからも時々お兄さんが訪ねてくれるのだろう。多少「迷惑」に感じられたとしても、心の全体のバランスのことを思えば、実はお兄さんは必ず必要な時に（時に適って）訪ねてくれることがわかるはずだ。その予感が「それ以後生き物を殺さなくなりました」という言葉になっているように、私には思われた。

生まれ変わり

さて、母親から直接、「おまえはその一番上の男の子の生まれ変わりなのよ」と聞かされた学生もいる。そして彼自身、「その頃、僕は死んだらそのうち生まれ変わると信じていました」という。ところが、面白いことに（といっては申し訳ないのだが）、彼が中学生になった頃、母親の説明の仕方が微妙に変化した。「もしあの時流産していなければ、あなたは生まれていないわよ」。

この言葉を彼がどう感じたのか、報告はなかった。その代わり彼は、生まれ変わりなら人格は一つだけど、別々ならば二つの人格が存在することになると、一人考え込んだという。「合理化」という自我防衛メカニズムなどと理解してしまったら申し訳ない。子どもたちはみんな、それぞれの仕方で、自分の「自我」を守ろうと必死に工夫しているのだろう。

なお、「生まれ変わり」の報告は（今のところ）あまり多くない。子どもの頃、両親から「お前はおじいさんの生まれ変わり」と言われていた女子学生は、「男は生まれ変わると女になり、女は生まれ変わると男になると考えていた時期があった」と報告してくれたことがあったが、ごく稀である。漫画やアニメの世界では「転生」に馴染んでいる学生たちも、自分自身の「転生」は考えにくいのだろうか。

＊　ブータンの人々を思い出す。チベット仏教の下、ごく自然に「転生」を語り合うこの人たちは子どもの頃、誕生をどのように考えていたのか。ここ数年継続的に訪問し聞き取りを続けているが、なかなか困難である。予備的調査では、若い世代は「科学的次元」と「仏教的次元」を自覚的に区別しているようである。しかも大きな葛藤はなく両次元を同時に生きている、あるいは、適宜使い分けている。ところがその「使い分け」の微妙なニュアンスを正確に聞き出すことが難しい。この課題にふさわしい「問い」を工夫しながら慎重な解釈手続きを経由しないことには、「生きられた転生」の生存地平に触れることは困難であるように思われる。

もしその子が生まれていたら

ところで、そうした「回り道」なしに、いわばストレートにその事態を引き受けてしまった学生もいる。「……私の兄の上にもう一人お腹の中にいたが、流産してしまったらしい。母にとってその体験はとても辛かったのだろう。でも私には正直ピンとこなかった。だってもしその子が生まれていたら、私は存在したの？　弟は生まれていたの？　その子の死を心の底から悲しめないのは残酷なことなのか？と悩んでしまった……」。

もしその子が生まれていたら、私は生まれなかった。とすれば、その子が生まれなかったおかげで、自分に生まれる機会が来た。弟に生まれる機会が来た。そう考えると、申し訳ないけど、その子の死を「心の底から悲しめない」。

こうした素直な言葉が照らし出す心の深みは、本当のところ、言葉の及ばぬ領域なのだろう。自分の誕生が一つの死の上にある。死は、遠い先の話であるどころか、むしろ自分の出生の苗床。死は「還るべきところ」と、この人が語る時、その言葉はかなり独特な色合いを帯びることになる。

＊「未出現」の思想を思い出す（二一八頁以下）。私が存在するとは、他の何かを「存在させないこと」である。別の何かを「存在させない（出現させない、抑圧・抹消・殺害する）」ことと引き換えに初めて自分がここに存在した。他の者がここにありえたかもしれない可能性を踏み潰して初めて、自分がここに存在する。むろんそこまで突き詰めて考えたわけではないとしても、「申し訳ないけど、その子の死を心の底から悲しめない」という言葉は、そうした思想と響き合っている。

生まれなかった妹

もう一つ。少し長いがそのまま引用する。「……私が五歳の時、妹が死んだ。妹といってもまだ胎児で、妊娠八カ月だった母もかなり危ない状態だった。まだ姿も見たことのない妹ではあったが、日に日に大きくなる母のおなかを毎日のように触り、耳を当て、姉になるのを心待ちにしていた私にとって、突然の死は信じがたい出来事であった……」。

そう書き始めたこの学生は、その「妹」に自分が「ゆうこ」（仮名）と命名したこと、いつもお姉ちゃんを守ってくれるよと説明されていたことを報告した後に、こんなことを書いている。

「……授業中に思い出したのは、どうして私の妹が死なきゃいけないのか、なぜ私が姉になれなかったのか、その事実に耐えられなかったということだ。死の認識そのものよりも、どうして死ぬのかということの方が、当時の私には大問題だった。その時は、「ゆうこがお母さんの命を助けてくれたんだ。甘えんぼのお姉ちゃんのためにお母さんの命は助かるように、ゆうこが代わってくれたんだよ」と涙ながらに父からも（後日母からも）言われ、私も大泣きしながら納得した記憶がある……」。

こうした報告に接する時、軽々しく報告を集めるなどと言えなくなる。まして安易な一般化などできない。一つ一つの報告がそれぞれ一回限りの出来事。私たちはその前で静かに耳を傾けるしかないのだと思う。

その代わり、「耳を傾け続ける」時、私たちは「生まれてこなかった者たち」の微《かす》かな声に触れる。「誕生しなかった」のみならず、「存在することのなかった（未出現の）者たち」を予感する。

＊

「先に逝った者」は、かつて、いた。「将来世代」は、これから、来る。それに対して「生まれてこなかった者」は、かつていたこともなく、これから来ることもない。その声に耳を澄ませる時、「将来世代」

の声ははるかに確かであり、「先に逝った死者たち」の声は、むしろ「生きている者たち」の声に近い。後に見ることになる「潜勢力としての不生」とは、〈生きている者〉も〈先に逝った者〉も〈これから来る者〉も〈決して来ることのない者〉も、すべてが溶け合っていた始原の地平が、今も「潜勢力」として働いているということである（二三二頁以下）。

インテルメッツォ 1

子どもを亡くした大人たち――「ひな子を亡くした漱石」の場合

「子どもと死」というテーマを調べてゆくと、実は圧倒的に多いのは「子どもを亡くした大人たち」の話である。「子どもの頃」ではない、「我が子に先立たれた時」、大人たちは死をどう感じたか。一つだけ事例を見る。文豪・夏目漱石の場合。

ひな子の突然死

四十四歳の漱石は胃潰瘍による多量の吐血から、一時、人事不省に陥った（修善寺の大患、明治四十三年八月二十四日）。その翌年、五女ひな子の突然死に見舞われる。二歳に満たない可愛い盛りだった（明治四十四年一一月二九日）。

その出来事を新聞連載小説『彼岸過迄』が詳細に語っている。「雨の降る日」と題された章は、ほとんど「ひな子の突然死」の出来事そのままである。むろん漱石という稀有な人の視線には違いないのだろうが、しかしそこには「娘を亡くした一人の父親」の心の情景が、淡々と「冷凍保存」されている。

五女のひな子が生まれたのは、前年三月二日、桃の節句の前の晩である。「発育もよく知恵も早く、大変なおしゃまで、よちよち歩きながら自分で猫の墓に水を上げに行って、ついでにその水を自分で飲んでしまうようないたずら盛りになっていた」という（江藤淳『漱石とその時代　第四部』新潮選書、一九九六年、四二三頁）。

その日も、ごく普通の一日を終え、夕の膳が用意されている時だった。ひな子は食べさせてもらいながら、突然、つっ伏してそのままこと切れてしまったというのである。何の前触れもなく、まったく突然に「取り返しがつかないことになってしまった」。

小説『彼岸過迄』の中ではその晩の出来事はこう語られている。千代子が宵子に粥を食べさせていた（小説では「宵子」と呼ばれる。桃の節句の前の晩（宵）に生まれた子という名付けからして「ひな子」そのままである。そしてやはり末娘である）。

「さあ宵子さん、まんまよ。御待遠さま」。粥をすくって食べさせるたびに、千代子は宵子に「おいしい」とか「もっと頂戴」とか色々な芸をしい、自分で食べるという宵子に匙の持ち方を教え、「そう持つのではない」と叱られると宵子が「こう？　こう？」と何度も聞き直した。それを千代子が面白がって、何べんも繰り返さしているうちに、いつもの通り、こう？　と半分言いかけて、大きな目で千代子を見上げた時、突然右の手に持った匙を放り出して、千代子の膝の前にうつ伏せになった。

千代子は何の不思議もなく宵子を抱き起こした。「するとまるで眠った子を抱えたように、ただ手応えがぐたりとしただけなので、千代子は急に大きな声を出して、宵子さん、宵子さんと呼んだ」。「叔母さん、大変だから来て下さい」。その声に母親が驚いて駆け付け、「どうしたのと言いながら、電灯の真下で顔を仰向けにして見ると、唇にもう薄く紫の色がさしていた。口へ掌をあてがっても、息の通う音はしなかった」。

父親が駆け付け、医者が駆け付け、注射をしてもどうにもならない。「病因は何でしょうか。」「どうも不思議です。ただ不思議というより外に言いようがないようです。どう考えても……」。

小説はその後、宵子を辛子湯《からしゆ》につけ、座敷に運び、顔に晒《さら》しの木綿を掛け、ロウソクの灯が弱い光を放った時、「三人は始めて眠から覚めない宵子と自分たちが遠く離れてしまったという心細い感じに打たれた」と続く。

そこから通夜、葬儀、骨上げと続いてゆく小説の語りは、すべて出来事の描写である。細部にわたる克明な描写が続く。長女が一人で便所へ行くのを怖がったこと、妻が子どもたちに着せる式服を心配したこと、焼香の時に次女の重子が手順を間違えたのを見て千代子が噴き出したこと、骨上げに行く途中の車中から見た景色のこと、火葬場の裏の空き地が見事な孟宗竹に覆われていたこと。「宵子の死」とは直接関係のないことが、すべてそのまま「宵子の死」の情景になる。その情景をそのまま「冷凍保存」している。

「ひびが入った」

ところで、漱石の『日記』の中にも、ひな子の死から葬儀・骨上げまで、たくさんの言葉が残されている。(『漱石日記』平岡敏夫編、岩波文庫、一九九〇年)。

例えば、火葬し骨上げを済ませた日の言葉はよく知られている。

「自分の胃にはひびが入った。自分の精神にもひびが入った様な気がする。如何となれば回復しがたき哀愁が思い出す度に起るからである」(明治四十四年十二月三日)。

さりげなく語られる「回復しがたき哀愁」。実はこの時期、漱石は相次いで親しい人の死に遭っていた。担当医であった長与病院長。恋愛の噂もあった大塚楠緒子。そして、ひな子である。日記の中にはこんな言葉も見える。

「表をあるいて小い子供を見ると此子が健全に遊んでいるのに吾子は何故生きていられないのかという不審が起る」。

なぜ「うちの子」だけが「生きていられないのか」。漱石は「不審が起こる」という。「なぜ」と問うのではない。不思議としか言いようがない。理由なく突然逝ったのである。

「あっけなさ」に対する不審ではない。むしろ死が、音もなく日常の中に染入っている。恐れも痛みもなく、気がついた時には、からだの内側を染め抜いている。日々の暮らしがすべてこの色合いに浸されている。それは周囲が想像するほど劇的ではない。世界は何事もなかったかのように続いている。一つのいのちが切断されたにもかかわらず、日々の暮らしはそのまま続いている。六人の子どもたちの暮らしは変わらず続き、漱石自身、新聞連載の仕事を続け、来客がある。そして時代は明治から大正へと大きく転換してゆく。しかしそのすべてが「不審」に彩られている。

ところで、ひな子の死は「乳幼児突然死症候群」に近いと考えられている。何の前触れもなく突然「こと切れて」しまったのである。そうした事情で我が子を亡くした親たちの会(「SIDS家族の会」)が「遺族の感情」についてこんな報告をしている。残された親の多くは、自分を責め「もし……していたら」と後悔する。そして、「天罰である」、「バチが当たった」という仕方で罪悪感を強めてしまう。

ところが、漱石の場合には、まるでそうした言葉が見られない。小説にも日記にも自分を責める言葉は見られない。妻を責めることもない。自制心を失う姿も見られない。周知の「神経衰弱」は、（理由なく長女を殴りつけ、祭りの露店先で次男を足蹴りにするなど、幾多のエピソードを残したにもかかわらず）、「ひな子」の出来事においては、まったく見られない。ただ「不思議である」という言葉だけが繰り返されている。

漱石は、そうした不思議を眺め続けている。抗《あらが》いもせず嘆きもしない。しかし無感覚ではない。観察できる事実の記述に専念している。事態に流されてゆく自分の姿をひとつひとつ丁寧に拾い集め記述してゆくような観察者の視線なのである。

出生の秘密と我が子の死――小説『彼岸過迄』

ところで、文学作品として見た時、『彼岸過迄』の構成がアンバランスである点については、幾多の指摘がある。漱石はこの新聞小説において、短編を集めて一つの長編を構成するという新しい方法を実験したのであるという。しかしそう理解した上でもやはり「雨の降る日」という章の不自然さは残る。なぜこの章が小説の真ん中に挿入されたのか。

確かに「子どもの死」がこの作品の通奏低音を成している（前半部では大陸放浪者となる森本の子どもの死、後半部では須永の妹「妙」の死）。あるいは、子どもの死によって生じる夫婦の関係の変化、もしくは、子どもの不在によって生じる夫婦間の危機というテーマは、そう思ってみれば、この作品に限らない、この時期の漱石文学には繰り返し登場する。『それから』の平岡と三千代の不和には「子どもの死」が深く関わり、『門』の宗助と御米も「子どもができない」苦悩を抱えていた。

しかしここで目を止めたいのは、『彼岸過迄』の後半で語られる須永の「出生の秘密」である。それが「宵子の死の出来事」（「雨の降る日」）を経た後に語られる。あるいは、「宵子の死」によって生じた不思議の中で初めて語られる。須永を漱石の分身と読んでみれば、漱石は「出生の秘密」の地平に触れる前に、「我が子の死」を配置したということになる。

須永は母親の実の子どもではなかった。むろん須永もそのことに、うすうす気がついていた。他界した妹は一度も須永を「兄」と呼ばなかった。死を前にした父は「自分が死ぬとお母さんの厄介になる」と言い残した。そして父の葬儀の時には母親が「お父さんがなくなっても、今まで通り可愛がる」と不可解な言葉を口にしていた。

では、出生の秘密を叔父から知らされることによって不思議が解決したかと言えば、そうではなかった。既に他界した実母の消息は知らされない。叔父から話を聴いて「すべてが明白になったら、かえって安心して気が楽になりました」と語る須永は、続けて、「そのかわりなんだか急に心細くなりました。淋しいです。世の中にたった一人立っているような気がします」という。「これから宅へ帰って母の顔を見るときっと泣くにきまっています。今からその時の涙を予想しても淋しくってたまりません」。漱石は須永にそう語らせる。

『彼岸過迄』という小説には全編にわたり「不思議」の通奏低音が流れている。修善寺の大患以後、漱石の心に触れた「不思議」の感覚。その感覚を中心として個々の話を繋ぎとめようとしたとも言われる。ひな子を見た医者は「どうも不思議だな」と繰り返し、ひな子の没した日の日記には「何だか嘘の様な気がする」と記される。

「甚だ不思議な心持がする」。詮索するのではない。静謐に留まり孤独に留まる。「なぜ」と問うことなく、事態の推移を見つめ続けている。

漱石文学にとって「出生の秘密」の地平が繰り返し立ち戻る原点であったことについては、これまた幾多の指摘がある（例えば、三浦雅士『出生の秘密』講談社、二〇〇五年）。その地平が「我が子の死」と親和性を持つ。ひな子の死は、漱石をその地平に連れ戻したことになる。

日記にはこんな言葉も見える。「生きて居るときはひな子がほかの子よりも大切だとも思わなかった。死んで見るとあれが一番可愛い様に思う。さうして残った子は入らない様に見える」。生きている時は特別だとは思わなかった。残った子は要らないように見える。こうした言葉はそのまま小説の中にも登場する。「生きてる内は夫程にも思わないが、逝かれて見ると一番惜しい様だね。此所《ここ》に居る連中のうちで誰か代りになれば可いと思ふ位だ」。

鏡子夫人の思い出によれば、ひな子が急死した時、漱石が書斎で話し込んでいた客は中村古峡（漱石門下の作家、精神科医、心理学研究者）であったという。「雨の降る日」を書き終えた漱石はその古峡に向けて書いている。

「「雨の降る日」につき小生一人の感慨深き事あり、あれは三月二日（ひな子の誕生日）に筆を起し同七日（同女の百ヶ日）に脱稿、小生は亡女の為好い供養をしたと喜び居候」。

鏡子夫人は、漱石が「こんな因縁めいたことをいうなどということはなかったのですが、今度のことは余程身にしみたのでしょう。……こんな手紙を見たりなどしますと、一寸妙な気がします」と述べていた（夏目鏡子「漱石の思い出」、『世界の人間像　第13』角川書店、一九六三年）。

ひな子の写真を死ぬまで書斎に置いていたという漱石は、五年後、四十九歳で逝った。

Ⅱ　赤ちゃんはどこから来たか

――誕生の謎

Ⅱ―1　お母さんのおなかと赤ちゃん
――赤ちゃんは出てきたのか、運ばれてきたのか、拾われてきたのか

子どもの頃、誕生について何か不思議を感じたことはなかったか。赤ちゃんはどこから来ると思っていたか。私自身はそうした不思議を感じた記憶がない。人生の終わりに比べたら、人生の始まりについては、「始まり」があったということすら気がつかないほど、関心がなかったのである。では、みんなはどうだったのか。子どもの頃どんなことを考えていたのか。学生たちの報告は様々である。

お母さんのおなかと赤ちゃん

「……おそらくは弟（二歳年下）が生まれる時、「赤ちゃんはどうやって生まれるの？」と母親に聞いた覚えがあります。母が「お父さんとお母さんが仲がいいと生まれるのよ」と答えたので、小学校高学年くらいまで、夫婦が仲がいいと、自然にお腹がふくれて赤ちゃんができるのだと思っていて、どうや

って身体は夫婦の仲のよさを見分けるのか疑問でした……」。

お母さんのおなかが大きくなりその中に赤ちゃんがいる。多くの子どもはそのことを知っている。子どもたちは自分がそこから来たことを何らか記憶しているのか。それとも周囲の大人たちの話を聞いてそう考えるようになったのか。

しかしお母さんのおなかの中に赤ちゃんがいるとして、ではどうやって赤ちゃんはそのおなかの中に入ったのか。そしてどうやっておなかから出てくるのか。「……おなかの中に赤ちゃんがいるなら、産む時は、おなかを切らなければならないはずなのに、どうしてお母さんには傷がないのだろう」。ある学生はこの問いをずっと心の中に秘めたまま、誰にも聞いたことがなかったという。

フロイトによれば、子どもたちはそうした問いに関心を持ち、「非常に多様な解剖学的な答え」を見つけ出す。例えば、「赤ちゃんは乳房から出てくる、おなかが割れて出てくる、お臍《へそ》が開いて出てくる……」（『性理論三篇』）。むろん小説家も負けてはいない。劇作家モリエールは、世間知らずのまま育てられた生娘《きむすめ》にこう語らせている。「赤ちゃんは耳から生まれてくるのね」（『女房学校』）。

運ばれてきた、拾われてきた

「生まれてくる」のではなく、「運ばれてくる」という話のかわし方もある。例えばコウノトリの話。一説にはディズニー映画の影響により日本でも有名になったというのだが、もとはヨーロッパの伝承であり、しかも正確にはコウノトリではなくコウノトリ科に分類される「シュバシコウ（朱嘴鸛、赤いクチバシを持ったコウノトリ)」なのだそうである。

＊　オットー・ランク『出生外傷』によると、コウノトリは「定期的に同じ場所に帰還する渡り鳥」である。誕生は「元々いた所に戻る」イメージと結びついていた（ランク『出生外傷』細澤仁・安立奈歩・大塚紳一郎共訳、みすず書房、二〇一三年、三〇頁。本書六三頁参照）。しかしその「戻る」のは、別の両親の元である場合もあれば（ファミリーロマンス）、より深い起源の場所（死の願望）の場合もあるという。

日本では古来「セキレイ（鶺鴒）」が吉兆の鳥とされていた。『日本書紀』によると「イザナギ」と「イザナミ」は、セキレイが尾を振るのを見て子づくりの仕方を学んだというのだが、可憐な「セキレイ」に赤ちゃんを運んでもらうことまでは頼まなかったようである。

ところで「橋の下から拾われてきた」という話はよく出てくる。この話には「鉄橋の下から」、「岬から」、「神社の賽銭箱から」など様々なパターンがあるのだが、面白いのは、子どもたちの反応である。ある学生は「七歳頃お母さんからそう言われて一週間ほど泣いたり怒ったりしました。お母さんに似ているから嘘だって思ったけど」と報告し、ある学生は、親の作戦通り「見事にはぐらかされて」、「赤ちゃんはどうやって生まれたかという問いは持たず、どこから拾われてきたかということばかり考えていた」という。中には、「「拾われてきた」と聞いて、「ああよかった、お母さんの子になんか、生まれてきたくなかったわ」と答えたら、母親も心得たもの、「お母さんだって、まさかお前が出てくるとは思わなかったわ」と言い返されてしまいました」と報告してくれた学生もいる。

お母さんのおなかの傷あと

ところで、学生たちの中には「帝王切開」で生まれてきた人もいる。その人たちの場合は、文字通り、お母さんのおなかに「傷あと」がある。その「傷あと」をどう感じるのか。

……私たち姉妹は両方とも帝王切開で生まれました。そのため母は三人目を作れなかったそうです。同じところを切るのは三回まで。一回は自分の手術が必要になった時のために残しておかなければならないのだそうです。姉と母と一緒にお風呂に入っていて、母のおなかに傷がある理由を尋ねたから話してくれたのだろうと思います。「二人ともここから出てきたのよ」と。ケロイド体質の母の体にその傷はとても痛々しく残っていて、幸せそうに話す母の口調に、とても大きな愛情を感じました。自分より下に弟か妹が欲しかった私ですが、この話を聞いて、あっさり諦めた記憶があります。……ちょうどタイミングがよかったのかもしれませんが、何より愛情を感じている場面で聞くことができたのがよかったように思います。……

二人ともここから出てきたのよ。それなら子どもにもよくわかる。傷あとの痛々しさも包み込むほど母親は幸せそうだった。タイミングがよかったと報告されるこの時期は、何歳頃のことなのか。そしてそのタイミングをこのお母さんはどうやって感じとったのか。それとも実際はお風呂に入るたびに何度も何度もこうした幸せな会話が繰り返されていたのか。「何より愛情を感じている場面で聞くことができたのがよかったように思います」。そう語られる「信頼感」はおそらくこの学生の人生を通して流れ続けてゆくのだろう。

しかし常にこうした「調和」が成り立つとは限らない。「おなかを切って出てくる」という話は、やはり恐怖である。

……四歳の時に弟が生まれました。コウノトリやかぼちゃのことは気にならず、ただ母親のおなかの中から出てくるものだと思っていました。ただ、弟は帝王切開だったので、出産は、すべておなかを切り開いて出てくるものだと思い、その道具は包丁だと聞いたこともあって、出産は非常に痛そうで、恐ろしい行為だと子どもながらに思いました。……

おなかを切り開いて出てくる。しかも「包丁」である。もしかするとこのお母さん自身が突然「帝王切開」を告げられ、家族全体が不安に包まれていたのかもしれない。そしてその空気がそのまま「恐ろしい」という言葉になっていたのかもしれない。

＊ ランクによると「おなかを切り裂いて生まれてくる」という子どもたちの発想は、自らが出生時に体験した苦痛の否認に根拠を持つ。すなわち、出生外傷を否認するための無意識的メカニズムであるという。また、子どもたちが誕生を「女性器」と結びつけて理解しないのは、自らの出生時の苦痛（出生外傷）を抑圧し、思い出すことを無意識的に拒否しているためであるという（ランク『出生外傷』三〇―三一頁）。

「四歳」という年齢も重要である。後に見る「少年ハンス」（フロイトの報告する事例）も「少年フリッツ」（メラニー・クラインの報告する事例）も、ともに五歳である。学生たちの報告を見ていると、四―五歳の時期に「弟妹」の誕生が重なる場合に、「誕生」をめぐる不思議が心に大きな印象を残すことが多いように思われる。

ところで、こうした報告における性差をどう考えたらよいか。女の子と男の子では、「出産」という出来事に対する感じ方がどのように違うのか。あるいは、母親から「自分自身の誕生」について聞く体験の意味が、女の子と男の子では違うのだろうか。それとも圧倒的な個人差の前には、性差は、一つの要因にすぎないのか。

次の報告は女子学生のものである（なお、学生たちの報告を紹介する場合、この箇所を例外として、性別には言及しない。性差だけが唯一の要因であるかのような印象を与えたくなかったためである。）

……小学生になるかならないかの頃、母に「どうやって子どもは生まれてくるのか」と聞きました。その時、母は自分のおなかを指して「ここからあなたたちは生まれてきたのだ」と答えました。母は帝王切開だったのです。その時は本当に衝撃でした。赤ずきんのオオカミはおなかを裂かれて死んでしまったのに、お母さんは大丈夫だったのかと聞いたところ、死ぬかと思うほど苦しかったが死にはしなかったと聞き、子どもを産むというのは、とても危険な行為なのだと強く思いました。しかし小学校高学年で女子のみの特別授業が行われ、出産の映像を見て、初めて子どもは通常はおなかを切って出てくるわけではないことを知りました。再度母に聞いたところ、母がおなかを切る羽目になったのは、私が逆子だったせいだと言われ、かなり責任を感じました。その映像の出産している女性の苦しみ方も大変なものだったので、出産＝危険・苦しいというイメージを持つようになりました。そうした母の性教育によるものなのか、私も妹も、結婚はするかもしれないが、子どもだけは絶対に産まないと強く決めています。……

母親に「子どもはどうやって生まれてくるのか」と尋ねたというこの学生。それは「自分の出生」の不思議だったのか、それとも広く「赤ちゃんの誕生」が不思議だったのか。そしてなぜお母さんはこのタイミングで「帝王切開」の話をしたのか。もしかすると妹の誕生と重なっていたのだろうか。ともあれ、この女子学生は「五―六歳」のある日、突然、自分がお母さんのおなかを切り裂いて出てきたことを知らされる。「赤ずきんのオオカミはおなかを裂かれて死んでしまったのに、お母さんは大丈夫だったのか」。そう記憶される場面は、先の「お風呂の中の会話」とは大きく違う。「死ぬかと思うほど苦しかったが死にはしなかった」。そう語るこのお母さんにとってもあまりに生々しい「傷」であったのだろう。しかしこの時はまだ「逆子」の話はしなかった。

ところが高学年になり、出産の映像を見て、あらためて母親に尋ねたところ、「おまえが逆子だったから」と知らされる。「かなり責任を感じました」という言葉には、単なる申し訳なさとは違う、自分自身の存在に対する違和感を読み取るべきなのかもしれない。少なくともこの言葉に感謝や喜びを見ることは難しい。「私も妹も……子どもだけは絶対に産まないと強く決めています」と締めくくられる報告なのである。

子どもの頃の心の中で

さて、こうした報告だけでも考えるべき課題は多いのだが、しかしこれは帝王切開という「特殊」な事例である。では、特殊でない場合、子どもたちはどのような話をしてもらうのか。「お母さんのおなかの傷」という目に見える痕跡がない場合、子どもたちはどのように考えるのか。あるいは、そもそも子どもたちは親から「自分の誕生（出産）」の話を聞かせてもらえるのか。

＊　もし帝王切開という「特殊な」場合の方が語りやすく、通常分娩の方が語りにくいとするならば、人類の自然にとって、誕生（出産）の出来事は、本来「語りにくい」ものであるのか。例えば、母親の出産に子どもが立ち会うという問題をどう考えるか。それは自然なことなのか。子どもにとって貴重な学びの機会であるのか。しかし伝統社会においてはタブーであり、自然界の動物たちも出産に子どもを立ち会わせたりしない。以前妹が産まれてくる場面に子どもの時に立ち会ったという中学生から話を聞いたことがあるが、ぼんやりとした記憶であって、簡単に言語化される体験ではないように感じられた。学生たちからはまだそうした報告はない。

また、「記憶」の問題は常に慎重な考察を必要とする。少なくとも、学生たちの報告は、すべて二十歳を過ぎた時点で思い出してくれた記憶である。その記憶は「正確」なのか。現在の状況によってどれほど脚色されているのか。

あるいは、むしろ実際の「子どもの頃」は、より多くの断片的な不思議に満ちていたのではないか。しかし思い出すことができない。誰かが記録しておいてくれないことには、突然湧き起る「不思議」は、シャボン玉のように一瞬きらめいて、すぐに消えてしまう。その代わりその輝きを大切にしてくれる大人がいると、子どもたちは、驚くほど深く、不思議の世界に降りてゆく。

実は、フロイトの周りにはそうした大人が集まっていた。子どもの不思議を大切にし、子どもたちの「たわいない（一見すると意味のない気まぐれのような）言葉」を丹念に記録する大人たち。次節で見てゆくことにする。

＊ 前掲書、オットー・ランク『出生外傷』(O. Rank, *Das Trauma der Geburt und seine Bedeutung für die Psychoanalyse*, 1924) は「出生」をテーマにした貴重な研究である。ランクは出生を「外傷（トラウマ）」と見る。この世に生まれることそのものが外傷の体験である。そしてその後の人生は「出生時に体験された外傷」との関わり方によって影響される。正確には、出生外傷とその抑圧が重要な影響を与える。例えば、神経症や精神病は「出生時の外傷の再現」であり、精神分析の治療とは「十分に克服されなかった出生外傷の事後的な処理」である。あらゆる不安は「生理学的な出生時不安」に遡り（一二頁）、あらゆる快は「結局のところ子宮内の原快を繰り返し再建しようとする」（一八頁）。そこから話は広がり、象徴的適応、英雄的補償、倫理的反動形成、美的理想化、哲学的思索など、多様な文化的営みの中に、出生外傷の影響を見る。というよりむしろ、「人間が人間になるということそのものでさえも、出生外傷に対する

特殊な反応から生じたもの」(一五九頁)であるという。それに対して本書は、「出生＝外傷体験」を前提としない。ある人にとって出生が外傷体験であることは間違いないとしても、それを一般化することはない。むしろ「出生」がいかなるイメージと結びついているか、その多様なイメージを描き出そうとする。正確には、子どもたちの(言葉にすることのできない)インファンティアの位相に触れていたいと思っているのである。なお、ランクの「出生」理解は、ケン・ウィルバー『アートマン・プロジェクト——精神発達のトランスパーソナル理論』(吉福伸逸・プラブッダ・菅靖彦訳、春秋社、一九八六年、K. Wilber, *The Atman Project: A Transpersonal View of Human Development*, Quest Books, 1980)に受け継がれ、壮大な円環的ライフサイクル理論として展開されている。その批判的検討については、拙著『魂のライフサイクル——ユング・ウィルバー・シュタイナー』(東京大学出版会、一九九七年)を参照。

赤ちゃんはどこから来るのか。誰が運んでくるのか。そうした問いは、子どもたちの心の中にどのようにして生じるのか。子どもの頃に体験される、言葉によってはすくい取ることのできないインファンティアの出来事である。

Ⅱ—2　「僕は卵を産んだことがある」
——少年ハンス（フロイト）

少年ハンスと誕生の謎

一般に「ハンス症例」として知られているフロイトの論文「ある五歳男児の恐怖症分析」（一九〇九年）。五歳の男の子ハンスは、馬車が怖くて外に出られない。馬が転倒するのを目にして以来、また転倒するかもしれないと怯えている。

通例この話はフロイトのエディプス・コンプレックス論に従って次のように理解されている。一、ハンスにとって大きな馬は父親を意味する。二、馬に対する恐怖は父親に対する恐怖である。三、馬の転倒とは父親の死である。四、父親が死んで母親を独占したいという願望を抱いてしまったハンスが、父親から罰せられることを恐れている。

ところが、テクストを読み直してみると、話はそう簡単ではない。読みようによっては、この症例は少年ハンスによる「誕生の探究」なのである。妹の誕生をきっかけに「誕生の謎」に取りつかれてしまったハンス少年がその謎に立ち向かい、自分なりの物語を創り上げてゆく貴重な記録。実際フロイト自身がこう述べている。

「妹の誕生はハンスに考え始める刺激を与えた。それは解決のない作業であるとともに彼を感情的葛藤に巻き込んだ。子どもはどこから来るのか、という大きな謎が現れたのである。これはおそらく解決のために子どもの精神力が要求される最初の問題であり、テーベのスフィンクスの謎はその問いを歪曲した形で再現したにすぎないだろう」(『フロイト全集 10』総田純次訳、岩波書店、二〇〇八年、一六〇頁、*S.Freud, Gesammelte Werke, VII*, S.364f. 以下、頁数のみ記す)。

このテクストを「誕生の探究」として読む試みは既にある(秋山茂幸「子どもがつくる出生の物語――フロイト『ある五歳男児の恐怖症分析』の副旋律」、『死生学研究』第八号、二〇〇六年)。論考はハンスの物語を「出生の物語」として読み直し、そこからあらためてエディプス論の中核をなす「去勢」を問い直すという構成をとり、その構図自体が興味深いのだが、ここでは話の前半(出生の探究)についてのみ立ち入って見ることにする。

誰が最初にコウノトリのところに運んだのか

少年ハンスが三歳半の時、妹ハンナが生まれた。探究の引き金となったその体験については、フロイトのテクストも詳細に記録している(八―九頁、S.284ff)。

その日、午前五時、母親の陣痛が始まると、ハンスのベッドは隣の部屋に運ばれた。彼は七時に目を覚まし、母の呻《うめ》き声を聞いて尋ねている。「なぜママは咳をしているの?」そして、しばらくしてから、こう語っている。「今日は、きっと、コウノトリが来るんだね」。

ハンスは、コウノトリが子どもを運んでくるという話を、大人たちから聞いていた。そこで、この聞き慣れない呻き声を、コウノトリの到着に結びつけたのである。出産が終わった後、彼は部屋の中に呼ばれた。しかし母親を見るより先に、まだ部屋の中に置かれていた真っ赤な水の入った容器を見る。そして彼は目にするもの一切に対して、不信に満ちた、緊張した顔つきをする。記録したハンスの父親（フロイト主催の研究会に出席していた音楽学者マックス・グラフ）はこう述べている。「コウノトリに対する最初の不信が彼に植え付けられたのは疑いない」。本当にコウノトリが運んできたのか。もしそうでないとしたら、一体、何が起こったのか。

およそ一年の後、馬に対する神経症的な恐怖を示すようになったハンスの様子が詳細に記録されている。興味深いのは父親との会話である。この父親は実に丁寧にその会話を記録していた。その報告にフロイトが解説を加えることによってハンスの言葉がテクストとして今に残ることになったのである。

例えば、ある日の会話。ハンスは大きかったママのおなかを思い出す。そしてみんなで避暑地グムンデンに出かけた時のことをこう語る。「ハンナはこんな箱に入ってグムンデンについていったんだ。僕たちがグムンデンに行く時には、いつもあの子も箱に入ってついてきたんだよ。また僕の言うことを信じていないでしょ。本当だよ、僕の言うことを信じてよ」（八三頁、S.304）。

あの時、ハンナはいなかった。でも本当は「箱」に入って一緒についてきた。少年ハンスはそう考えたのである。もちろん「箱」は「ママのおなか」であり、「ママのおなかの中の赤ちゃん」が「容器の中の中身」として語られてゆく。

フロイトはこうコメントする。ハンナが前年の夏に「箱に入って」一緒に旅行したという主張は、母親の妊娠についてハンスが知っていたということである。そしてこうも言う。「この箱の旅行がこの先も毎年繰り返されるというハンスの見通しは、無意識的な記憶が過去から浮かび上がってくる時にしばしば見られる形式か、あるいは、そうした妊娠が次の夏の旅行でも繰り返されるという不安を表現している」(S.306, 八六頁)。

ハンスと父親の会話は、ハンナが歩くことはできなかったこと、コウノトリが嘴にくわえて運んできたこと、コウノトリがハンナをママのベッドに寝かせたことなど、そのまま数頁にわたって続いてゆくのだが、その中にこんな会話もある。

ハンス　パパ、ハンナはまだここにいなかった時でも、もうとっくに生まれていたんだね。コウノトリのところにいたんだね。
父親　いや、コウノトリのところには、きっといなかったよ。
ハンス　じゃ誰が運んできたの。コウノトリは持っていたんだよ。(八九頁、S.308)

ハンナは生まれる前にも「いた」。ここにはいなかったけど、箱の中にいた。コウノトリのところでは「生まれていた」。ハンスはそう考えたのである。ところが父親は同意しない。「まだいなかっただろう」。

そこで少年はまた考えてしまう。では誰がコウノトリのところに運んだのか。ハンナはどこから来たのか。箱の中に入る前、一体誰がコウノトリのところに運んできたのか。父親は答えを返さない。翌日、父親がその問いを尋ね直している。

父親　それでハンナはいつ、コウノトリのところで、コウノトリの箱に入ったの？
ハンス　ずいぶん前、箱で旅行したのよりずっと前。とっても長い前だよ。（九三頁、S.311）

妹ハンナはどこから来たのか。いつコウノトリの箱に入ったのか。ずっと前、「とっても長い前」。ずっと前のどこかに「最初」が予感される。妹ハンナの「起源」が予感されている。「いなかった」のではない。妹ハンナは「いなかった」のではなくて、見えなかったけど、どこかにいた。いなかったとしたら、誰かが運んできた。それは、とっても長い、ずっと前のこと。「いなかった」に吸い込まれてしまうのではない。〈無かった〉ものが〈在る〉ようになるのでもない。「とっても長いずっと前」の中に消え去りながら、しかし決して「いなかった」に回収されることのない、漸近線のような地平である。

おそらくハンス一人ではここまで「探究」を続けることはできなかった。父親が一緒にいて、話し相手をしてくれたばかりか、その会話を丁寧に記録するほど興味を持っていた。そうした好条件が重ならなかったら、私たちは少年ハンスの必死の探究を目にすることができなかった。精神分析という研究領域はまさにこうした貴重な記録の宝庫である。フロイトの関心が最初「子どもの性についての関心」にあったことは確かなのだが、しかしそのように記録された子どもたちの言葉には、「性」の問題に収まり切らない豊かな話題が含まれていた。「誕生する」ということ、「起源」ということ、「〈無かった〉ものが〈在る〉ようになること」。そうした難問が、靄に包まれたまま、記録されていたのである。

排便への恐怖＝子どもが生まれてくることへの恐怖

さて、テクストはその後、「排泄・排便」のイメージをたくさん語り始める。邦訳テクストは「うんこ」という言葉を使うのだが、しかしここは注意が必要である。ドイツ語の原語は Lumpf というハンス少年の造語であって、辞書にはない。ということは、この言葉は、ドイツ人にとっても一見しただけでは意味不明の「仲間ことば（ジャーゴン）」なのである。ハンスはある時、自分の「うんち」を見て、その形と色が靴下（Strumpf シュトゥルンプ）に似ていたところから、Lumpf（ルンプ）と呼ぶようになったという。つまり音の類似に由来する、家族の中でだけ通用する言葉であって、この言葉自体に明示的な意味はない。ところが邦訳テクストは、「うんこ」という極めて明示的な言葉にしたために、戸惑いが生じる。確かに言葉の指示する先は「うんこ・うんち」でよいのだが、しかしフロイト自身はそれほど「あらわ」な表現を用いたわけではなかった。英訳版も lunf と音を写すだけであって、英語の言葉には訳していない（なお、五歳の男の子が「うんちする」と言う場合、現代ドイツ語では、kaka machen が最も自然のようである）。

そこで、以下この言葉を、少々ぼかして「ルンプ（うんこ）」という形で用いることにする。「精神分析の術語を翻訳するに際し、いわゆる〝アカデミックな〟表現や〝上品な〟言い回しをあてることで削ぎ落とされてしまう側面がある」という秋山氏の警告には同意しつつも、しかしこの訳語に関しては、むしろフロイトの用いた原語の微妙なニュアンスを大切にすべきであるように思われる。

さて、少年ハンスは馬に怯えていた。なぜ怖かったのか。父親からそう問われたハンスは、床に横たわり足をジタバタさせて、倒れた馬がこうやって脚で大騒ぎを起こしたから怖かったのだと話した。一

「内に詰まっていたものが外に排出される」イメージの重なり

入れ物	その中身	排出される
おなか	ルンプ	排便する
ママのおなか	赤ちゃん	出産する（誕生する）
荷物を積んだ馬	（ルンプ）	倒れて暴れる

体それはどういう意味か。フロイトはその馬の様子を「排便」と重ねて理解する。そして少年が「排便」行為に何らかの不安を感じていることの表れであるという。ではなぜ少年は「排便」に対して不安を抱いたのか。

父親はこう書いている。「乗合馬車の馬が倒れて、足で大騒ぎをするというのは、おそらく、ルンプ（うんこ）が下に落ちて、音を立てるということなのだろう。排便に対する恐怖である。重い荷物を積んだ車に対する恐怖は、重く詰まったおなかに対する恐怖と同じなのである」（七八頁、S.300）。

つまり、排便に対する恐怖の背後には、「重く詰まったおなかに対する恐怖」がある。「おなか」の中に詰まっていた何かが排出される。その排出される時の「大きな音（大騒ぎ）」が、一方では、馬が倒れた時の様子と重なり馬に対する恐怖を生じさせ、他方では、おなかに詰まっていた「赤ん坊」の排出と重なる。そしてこの両者がイメージとして合致する時、「赤ん坊」の排出（妹の誕生）に対する不安や嫌悪が、馬に対する恐怖と重なることになる。つまりフロイトによれば、ハンスの馬恐怖の背景には「子ども」が新たに生まれることに対する恐怖が潜んでいたことになる。

ハンスの心の中では「ルンプ（うんこ）」と「赤ちゃん」が象徴的に等しい意味を持っていた。「小さなハンナ自体がルンプ（うんこ）であり、すべての子どもたちがルンプ（うんこ）のように生まれてくるということである」（一五六頁、S.360）。ハンスの排便に対する恐怖は、新たな赤ちゃんへの嫌悪の表われであった。ハンスは妹に誕生して欲しくなかったのである。

馬の転倒はハンスにとって、分娩や出産の出来事と重なり合っていた。「したがって、倒れる馬は、死んでゆく父だけではなく、出産の時の母親でもあった」（同右）。

エディプス・コンプレックス理論で言えば、倒れた馬は「死んでゆく父親」と理解されるのだろうが、フロイト自身が別の解釈を提案していた。倒れて暴れる馬の様子はハンスの心に、出産の出来事を思い起こさせた。何かが排出される。そのことに対する恐怖と嫌悪。赤ちゃんが排出される。ルンプが排出される。ハンスの心の中では、それらがすべて重なり合い、象徴的に同じ意味を持っていた。ルンプはおなかから出てくる（排泄）。子どもも母親のおなかから出てくる（出産）。すべて、入れ物に入っていたものが外に出てくるというモチーフで重なっていた。

そして、弟や妹を欲しくないという（無意識的な）心の動きが、この同じモチーフの中に働いて、「出産」「排泄」「馬の大暴れ」「馬」への恐怖として表われたというのである。

ハンスの創り上げた誕生の物語

このように少年ハンスの心の中では、赤ちゃんは「ルンプ（うんこ）」であった。では一体ハンスは自分自身も母親の「ルンプ（うんこ）」として排出されたと考えたのか。当然話は単純ではない。「他人の誕生」を理解することと「自分の誕生」を理解することは大きく異なるからである。自分の起源を「排泄物＝ルンプ（うんこ）」と理解することは受け入れがたい。「産み落とされる」という完全な受動性を理解することもなかなか難しいことである。

先の秋山論文はここで一つのエピソードに目を留めている。鶏が卵を産むという話を父親から聞いた時のこと、ハンスは「僕も卵を産んだことがある」と語っていたのである（一〇八頁、S.321）。

実際の記録はもう少し込み入っている。

ハンス　パパが卵を産んだのを知ってるよ、ママがそう言ってたもの。
父親　じゃあママに聞いてみようか。
ハンス　嘘だよ、でも僕は前に一度卵を産んだことがあるんだ、そうしたら、ひよこが飛び出してきたんだ。

そしてその後に「卵の中から小さなハンスが出てきたんだ」と語るのである。

ハンスは「出てくる（排出される）」出来事に不安を感じていた。ところが今や彼は、自分が「卵を産む」側である。自分が「産む」側になれば、「出てくる」ものを怖がることはない。自分が「産んだ」のである。そう語ることによって、彼は自分の不安と折り合いをつけようとしたのかもしれない。

フロイトはこの箇所にコメントして、ハンスが父親に、「僕は誕生をこう理解している」とイメージを伝えたのであるという。僕は卵を産んだことがある。「子どもを産む」のは「ママ」である。とすれば、ハンスは「ママ」になったことになる。ハンスは母親と同一化することに成功したように見える。

では、母親と同一化した自分が産んだ子どもは誰か。母親から生まれた子であれば、それは自分ではないか。ハンスは自分を産んだことになる。「産むこと」と「生まれてくること」が区別されない体験。区別がつかない。区別されないまま、ひとまとまりの体験として、少年ハンスの心の中で体験されていたことになる（そうした体験の位相は、出産の夢の中でも語られることがある。夢の中では、自分が産んでいると同時に、産み出されている）。

しかもそれに続いて重要なイメージが語られていた。「卵から小さなハンスが出てきた」。鳥を産んだのでもなければ、妹を産んだのでもない。「小さい」ながら「ハンス」である。自分である。

つまりハンスは、子どもを産んだと同時に、子どもとして生まれてきた。妹の代わりに自分が主役として生まれた。同時に、自分が母親として、出産の出来事の中心にいた。彼はその出来事を主人公として体験し直したことになる。ハンスは出来事を独占することに成功したように見える。

では彼は満足したのか。おそらく満足しなかった。彼はその体験を主人公として独占したと思った瞬間、異なる位相に滑り落ちてしまった。彼は卵から出てきた子どもを「小さなハンス」と語った。「ハンス」ではない。卵から出てきたのは自分ではない、「ハンス」とは少しだけ異なる「小さなハンス」。そう語るしかない位相に連れ出されてしまった。つまり、〈産むことと生まれてくること〉がひとまとまりになっていた出来事〉から滑り落ち、〈産むことと生まれてくることとが区別される〉体験の位相に連れ出されてしまったことになる。

整理しよう。ハンスは妹の誕生という出来事を受け入れることができなかった。「赤ちゃんの誕生」

と結びついた排出のモチーフに恐怖を感じていた。そこで、自分が産む側になるという仕方で、その出来事（排出のモチーフ）を、主役として体験し直した。しかしその結果、彼が直面したのは、そうした出来事を丸ごと体験することはできないという「現実」であった。

後に見るラカンの理論で言えば、自分が「何ものかにとっての他なるものにすぎない」という現実の確認（IV—2）。ハンスは「小さなハンス」を産み出す体験を通して、期待とはまったく逆に、自分で自分を産み出すことはできないことを、身をもって感じてしまったことになる。彼が産んだのは「小さなハンス」である。「ハンス」を産んだとは語らなかった。自分では自分を産み出すことができない。その根源的な事実に、彼は一瞬、触れていた。

自分は、何ものかにとっての「他なるもの」として、初めて存在する。自分では自分を産み出すことができない。「自分という存在」を自分で根拠づけることはできない。私たちは「自分という現象」を自分一人で開始することができない。父親によって書きとめられたハンスの言葉は、そうした根源的な認識の最初の萌芽を私たちに示している。

＊　他者が存在しないところでは「私」が成立しない。誕生における喪失とは、「私」の一部が喪失することではなく、むしろ誕生が喪失であり、「私」の方が、誕生という喪失によって、初めて成立する。その出来事をラカンは「去勢」と呼ぶ。去勢の原像は誕生という分離の出来事。母胎からの排出、母親からの離別。「私」は喪失によって初めて成り立つ。ここから（ラカンに倣って）自分の存在の必然性を確保するために不可欠な「自己の存在を欲望する超越的な審級」へと話を展開することもできるのだろうが、今は

そこまで読み込む必要はないだろう。

むろん五歳の少年ハンスが、こうした込み入った理屈を承知であったとは思われない。しかしその語られた小さな言葉は、私たちにそうした根源的な認識を予感させる。あるいは、少年たちの言葉に耳を傾ける私たちが、そうした深みに対する感受性を持ち合わせていないことには、少年たちの繊細な体験の深みに目が届かないように思われる。

妹の誕生に動揺した少年ハンス。妹はどこから来たのか。子どもたちは必死に考えながら、自分の不安と付き合うすべを工夫しているのかもしれない。

インファンティアの位相

「赤ちゃんはどこから来るのか」という問いには多様な位相が含まれていた。「整理して語る」ことが馴染まない「語らぬ者（子ども）」の領分。コトバの秩序によって成り立つ枠組みに囚われる前の、だからこそ、直接的に生きられている柔らかな地平。インファンティアの位相。

しかしその子だけでは記録が残らない。「なぜ・どうして」と尋ねることのできる大人が要る。その会話が記録される必要がある。そうした「有り難い」好条件が重なって初めて、私たちは子どもたちの必死の探究の様子をテクストの中に窺い知ることが可能になる。「誕生する」ということ、「起源」ということ、「無かったものが在るようになること」。精神分析のテクストはそうした貴重な記録の宝庫である。

＊「子どもが最初に関心を持つのは、科学的知識よりも、実存的、存在論的、形而上学的問いである」（ユネスコ報告集『哲学――自由の学校』）。この言葉は、森田伸子『子どもと哲学を――問いから希望へ』（勁草書房、二〇一一年、三頁）に教えられた。深い洞察に満ちた森田氏の本は、第一章「幼年期の問い――世界が「アル」ことの不思議」、第二章「実存的問い――「自分」という不思議」をはじめとして、多くの点で本書と課題を共有し、教えられることが多かった。

しかし子どもたち（インファンティアの住人たち）は、そうした厄介な話などにはお構いなしに、一瞬不思議に包まれ、サラリと忘れる。中には忘れない子どももいるのだが、たいていは上手に忘れることによって、子どもの不思議から離れ、コトバの世界（区切りのある世界・言語によって意味分節された世界・大人の世界）に入ってゆくことになる。

II―3　生まれる前、僕はどこにいたの
――少年フリッツ（クライン）

五歳の少年フリッツの質問

精神分析の流れをくむ対象関係論のメラニー・クライン。その最初の論文の中に五歳の少年が登場する（「子どもの心的発達」前田重治訳、『メラニー・クライン著作集 1』誠信書房、一九八三年、M. Klein, "The Development of a Child", 1921, in *The Writings of Melanie Klein; vol.1*）。

この少年フリッツはクラインの親戚の息子で近所に住んでおり「まったく気兼ねなく一緒にいる」機会が多かったという。健康だが言葉が遅く、ようやく三歳半を過ぎて思ったことを続けて話すことができるようになった。しかしクラインの印象では「知的な子ども」であり、四歳半頃から旺盛な質問が開始された。（近年、「甥」フリッツは実はクラインの息子エリッヒであった、との説も出てきている。［ジュリア・クリステヴァ『メラニー・クライン――苦痛と想像性の母親殺し』松葉祥一・井形美代子・植本雅治訳、作品社、二〇一二年、五〇頁］）

誕生をめぐる質問は、四歳九カ月の時に始まり、ほとんど毎日繰り返された。その一つに、「生まれる前、僕はどこにいたの Where was I before I was born?」という質問がある。

日本語ならば子どもたちはどのように質問するのだろう。いずれにせよ、こうした質問がギコチナク聞こえてしまうのは、英語にせよ日本語にせよ、私たち大人の言葉が、こうした繊細な不思議の地平（インファンティア）を語るために十分な文法を持っていないためである。

フリッツ少年はこんな質問も繰り返した。「人はどうやってできたの How is a person made?」おそらく少年の目には世界で出会うすべてのものが不思議に映っていた。どこから来たのか。どうやってできたのか。パンは誰が作るのか。雨はどうして降るのか。そして「人間」のことも気になる。誰がパパを作ったのか。人はどうやってできたのか。

実はその数カ月前（四歳三カ月の時）、既に奇妙な問いが繰り返されていた。「パパは何のために必要なの」（面白いことに「ママは何のために必要なの」という質問はごく稀であったという）。「パパは何のために必要なのか。「パパはみんなの世話をしてくれるでしょう」と大人から答えてもらっても納得しない。何度もその問いを繰り返したというのである。

もしかすると彼は「答え」を求めていたわけではなかったのかもしれない。ただその不思議に立ち止まるために、大人に問いかける。「なぜ」「どうして」という言葉に、大人たちが反応し、立ち止まってくれることを知った子どもたちは、大人を立ち止まらせるために「疑問形」にする。「なぜ」、「どうして」、「なんのために」。だから本当は原因が知りたいわけではなくて、漠然とした不思議があり、そのまま素通りすることができないから、何とか言葉を探して、大人を呼び止めようとする。そしてその問いの一つとして先の問いがあったのだろう。「僕が生まれる前、僕はどこにいたの」。

＊　子どもの質問が、その疑問文への正確な解答を期待しているわけではないという問題。「自分の質問をメタ認知する能力の欠如」と見ることもできるだろうが、むしろ、コトバの世界とは異なる位相の不思議に大人たちを呼び止めようとする「呼びかけ」の場合が多いのではないか。そうであれば、大切なのは、呼びかけに応えること。一緒に立ち止まってその「不思議」に耳を澄ませること。正解が欲しいのではない。「ほら、見て」と言っても通じない大人たちのために、仕方がない、大人たちの言葉に合わせて、疑問文にしている。コトバの世界とは異なる位相の不思議（インファンティア）である。

「おまえは、まだ生まれていなかった」

フリッツの場合、（前節で見た）少年ハンスのように妹が誕生したわけではなかった。彼は末っ子だった。むしろ、きっかけは、兄と姉から「その時、おまえはまだ生まれていなかった You were not born then」と言われたことだった。

クラインによれば、彼はその時、「自分がいつもここにいたわけではなかった」というつらい事実に直面することになった。というのは、その後、彼は、「今みたいに、前からずっと、みんな、一緒にいたね」と繰り返すことによって、満足した様子を見せていたというのである。

＊　ランクによると、末子は「最後にやってきた者＝最後まで母胎にいた者」として、母胎と特別な関係にある。「母胎に居続けること＝母胎に還ること」について特権的な位置にあるという（ランク『出生外傷』九六頁）。

先にも見た通り、妹の誕生を不思議に感じることと、自分の誕生を不思議に感じることは、大きく違う。赤ちゃんはどこから来たかに対して、僕はどこから来たのか。僕はどこにいたのか。しかもお兄さんやお姉さんから、「お前がまだいなかった頃」とつらい（屈辱的な）言葉を投げつけられる。お兄さんたちはいたのに、僕だけいなかった。ではどこにいたのか。

重要なのは、「いない」を理解することは「いる」を理解するより、何倍も難しいという点である。まして「自分がいなかった」などという（不自然な）ことはなかなか受け入れられない。「ここにいなかった」のなら、「どこにいたのか」。そう考える方が、よほど自然ではないか。

しかしもしかすると少年は、その探求のどこかで、「自分がいなかった」という巨大な闇に触れていた。そしてその「いない」の闇に吸い込まれてしまわないように、必死に、「ではどこにいたのか」、大人たちに尋ねた。あるいは、言葉にすることによって、自分で確かめようとした。いわば自分で自分を定着させようとした。

自分が「ここにいる」ということ。そんな「当たり前」のことが、子どもたちにとっては、ある時、重大な問題になる。むしろ私たち大人が鈍くなったのだろう。自分が「いなかった」ということ。そして今は「いる」ということ。

形而上学的不安——もう一人の男の子

ところで、この「自分がいない」という問題について、やはりフロイトの流れをくんだエリック・エリクソンがこんな話を紹介している。『青年ルター』という大きな本の中のごく小さなエピソード。面白いことにこの男の子もやはり五歳である。

ある五歳の男の子が、大人たちの会話をじっと聞きながら、話に加わることができずに待っていた。やっと機会が与えられ、一言、口をはさんだ時だった。父親は最後までしゃべらせてから不用意にもこう言った。「これは七年も前の話、おまえが生まれる前、まだお母さんのおなかの中にもいなかった頃のことだ。」するとこの子の顔は突然虚ろになり、一瞬おいて、ワッと泣き出したというのである（『青年ルター 1』拙訳、みすず書房、二〇〇二年、一六九―一七〇頁）。

なぜこの男の子は泣き出したのか。父親の言葉が「深い衝撃」を与えたことは間違いない。エリクソンは「重複決定」という。様々な要因が複雑に重なり合って生じた出来事。自分がどのようにして作られたのかという点に敏感な年頃。「思いやりに欠けた」父親への反発。あるいは、自尊心が傷つけられ、さらには、「まだおなかの中にもいなかった頃」という言葉によって、お母さんまで父親に独占されてしまったように感じたかもしれない。

しかしまだ何かが足りない。エリクソンはその「何か」を「形而上学的不安」と呼ぶ。「自分がかつてまったく存在していなかったという、凍るような事実」。その事実の前に、無防備のまま連れ出されてしまった時の戦慄。「凍りつくような自我の戦慄」。

私たち大人はもはや驚かない。正確には、私たちはそうした事実を直視しなくてすむ「仕掛け」を持っている。身を守る隠れ蓑によって、「なぜ私が存在するのか」という問いを隠してしまう。

ちなみに『青年ルター』という本の筋から言えば、このエピソードは「アイデンティティ」の機能を浮き彫りにするためのお膳立てである。「アイデンティティ感覚」がいかにパニックを防ぐか。「アイデンティティ感覚」に守られていれば形而上学的不安に陥らずにすむ。凍りつくような自我の戦慄に直面しなくてすむ。逆に、その感覚を失ってしまうと、不安や戦慄に直面してパニックに陥る。

つまり「アイデンティティ」は、一方から見れば、形而上学的不安から身を守ってくれる安全な防護服であるのだが、それは裏から見れば、その「アイデンティティ」こそが「私という現象の起源」を覆い隠すベールであったということである。

「アイデンティティ」の土台には「言語」がある。正確には、「世界を分節する機能としてのコトバ」。区切り・固定し・積み上げることのできるコトバの機能。本章で見てきた男の子たちは、そうしたコトバの機能を十分には獲得していなかった。「インファンティア」の中にいた。語ることのない（コトバによって区切り固定することのない）インファンティアの中にいたことになる。

＊　この理解における「アイデンティティ」は固定的であり、「インファンティア」の流動性と対照的である。その意味で「インファンティア」は、自我心理学で言えば、自我が成り立つ以前（自我とは別の位相）、ラカンで言えば、「象徴界」に入る前の「想像界」に相当する（本書一一〇頁以下）。なお、エリクソンのために弁明しておけば、エリクソンは「identity」を「beyond identity」とワンセットで理解していた。「アイデンティティ」の固定性・閉鎖性は、常に「アイデンティティを越えてゆくこと・その先のアイデンテ

ィティ beyond identity」によって相対化されるという理解である（鈴木忠・西平直『生涯発達とライフサイクル』東京大学出版会、二〇一四年、など）。

言葉の世界に入ること

しかし話はもう少し複雑である。少年フリッツは「おまえはまだいなかった」という屈辱的な言葉を受けて、「ではどこにいたのか」と問い返すことができた。つまり、かろうじて言葉の世界で対応することによって、兄たちの世界から切り離されずにすんだ。それに対してこの五歳の男の子は、問い返すこともできないまま、ただ「ワッと泣き出す」しかなかった。

しかしフリッツはハンスほどには語らなかった。それはどうやら相手をした大人たちの違いが大きい。ハンスの相手をした父親は、自らその会話を詳細に記録したのみならず、ハンスに問いかけ一緒に考え、いわば当事者の一部になっていた。あるいは、子どもの想像に付き合いながら、一緒に遊ぶ仕方で、ハンスと言葉を交わしていた。それに対してフリッツの話し相手は、母親の場合も、父親の場合も、叔母さん（クライン）の場合もあった。とりわけ彼の母親は科学的な説明を好む人だった。子どもの想像に付き合うよりは、科学的な知識（大人の分節の仕方）を教えている。例えば、「コウノトリが赤ちゃんを連れてくる」という話をめぐるフリッツとの会話。

母親　それはただのお話なのよ。That is only a story.

フリッツ　Lちゃんたちは、イースターに、イースターのうさぎが来たんじゃなくて、お姉さん（ガヴァネス）が庭に隠しておいたんだって言ってたよ。

母親　そうよ、イースターのうさぎなんて、いないのよ。ただのお話なのよ。

フリッツ　そうさ。

母親　じゃあ、クリスマスのおじいさんもいないの。

フリッツ　いない。

母親　誰がクリスマスツリーを持ってきて飾るの。

フリッツ　お父さんとお母さん。

母親　じゃあ、天使たちもいないの、それもただのお話なの。

フリッツ　いない、天使たちもいない、それもただのお話なんだ。

（クライン「子どもの心的発達」）

先に見たハンスの父親が息子のストーリーを一緒になって膨らませていたのと対照的に、フリッツの母親は「科学的・客観的」な事実をクールに息子に教えている。そしてフリッツも、会話の中では納得しているように見えた。しかしクラインによれば、フリッツは完全に理解したわけではなかった。この会話の終わりに、彼はこんなことを尋ねていたのである。「だけど、鍵屋さんはいるよね、あの人たちは本当なの。そうでなかったら誰が箱を作るの」（フリッツは、数日前に、鍵屋さんが箱を作る話を聞いていた）。

サンタクロースは「いない」、しかし鍵屋さんは「いる」。何は本当で、何はお話にすぎないのか。その区別が難しい地平なのである。

フリッツの話の相手はインファンティアからは遠く離れた大人であった。しかも兄や姉がいた。彼は〈自分だけ取り残されることがないように〉必死に言葉の世界に参入する必要があった。もしかすると彼は、だからこそ、「いない」ということに、大人とも子どもとも違う仕方で、敏感にならざるを得なかったのかもしれない。

子どもたち（インファンティアの住人たち）はコトバの区切りに囚われない。区切りのない世界は、ぼんやり繋がっていて、時々入れ替わり、時々いなくなり、時々戻ってくる。「ある」と「ない」の区切りがボンヤリしているから、「いない」を気にする必要がない。

他方、大人のコトバは、明確な区切りで処理するから混乱しない。そして明確に区切られ固定された世界であるから、「ない」の不安に悩まされることもない。

少年フリッツは、そのどちらにも安住することができないまま、「いない」の闇に敏感になっていた。とりわけ自分が「いない」ということ。そもそも〈私という現象〉がまったく存在しないということ。哲学の中でも最も難しい問いの一つ、「非在」の問いに、フリッツは、無防備のまま、身をさらしていたことになる。

Ⅱ―4　精子と卵子の結合という「知識」
――知りたいけど知りたくない

学生たちの報告

さて、ハンスやフリッツの話は「回想」ではなかった。周囲の大人が記録してくれたのである。それに対して学生たちの報告は、二十歳を過ぎた時点で（しかも大学の授業の中で）回想されたものである。そこで話題となる時期が違う。学生たちの報告の多くはおよそ十歳前後。ハンスたちが五歳前後であったのと比べて年齢が上である（学生たちの記憶は「幼年期」ではなく「思春期」に近いことになる）。むろん学生たちの報告にも五歳前後の記憶が登場するのだが、（ある学生が語っていたように）その時期の記憶は多分に親たちによって脚色されている。この点は常に肝に銘じておく必要がある。

もう一つ、学生たちの報告の中心は「性」の知識である。学生たちの多くは「誕生の不思議」と聞いて、まず「赤ちゃんの誕生」を連想し、そして「性」の秘密を思い出す。その「仕組み」がよくわかっていなかった頃の、ぼんやりと霧に包まれていた不思議。では一体、「性」の問いと「存在」の問いはどのように関連し合っているのか。

今から、十歳前後の時期の「性の知識をめぐる問い」を見てゆく私たちは、しばらく「存在の問い」から遠ざかる。むしろ精子と卵子の結合という話。そうした知識がいかに「自分の誕生」と結びつき、「自分という現象の起源」と結びつき、「自分がここに〈いる〉不思議」と結びつくのか。あるいは、結びつかないのか。その不思議に導かれながら、しばらく学生たちの報告に耳を傾けてみる。

精子と卵子の結合

どうやら現代日本の子どもたちは、かなり早い時期から「精子と卵子」という言葉を知っている。あるいは「精子と卵子の結合」という知識も得ている。しかしどうやって「結合」することになるのか、そこはよくわからない。そこで子どもによっては様々な想像を働かせることになる。

ある学生は小学校の性教育の時間に「精子と卵子の結合」の話を聞いた。「……卵子は小さいとか、精子はもっと小さいとか、二つが合わさって子どもができることぐらいしか記憶に残っていない。だから、それからしばらくの間は、お父さんとお母さんが近くにいるだけで子どもができると思っていて、台所などで二人が近づいていると、「今、精子が飛んでいったのかな」なんて考えていた」。

ある学生は父親に「子どもはどうやってできるのか」と尋ねたところ、「お父さんとお母さんの気が合ったら子どもができる」という答えをもらった。なるほど「気が合う」と子どもができるのか。そこでこの学生は、ほんのちょっとしたことでも、両親の気が合ったら（例えば、服の好みが合ったりすると）、「あー、子どもができる」と妹と話し合っていたという。

また別の学生は、母親に「妹がほしい」と何度も頼んだことを報告している。母親はそのつど「お父さんに相談してみようね」と答えたので、漠然と「お母さん一人ではできないことなのか」と考えていたという。

こうした報告を重ねてみると、どうやら子どもたちは（小学校低学年の頃）、次のように理解している。一、「赤ちゃん」が産まれるためには「お父さんとお母さん」が必要である。二、小学校の時期には「精子と卵子」という言葉を耳にする（この問題に関心を持つ子もいれば、まったく関心を持たない子もいる）。三、「精子と卵子の結合」という知識は、一方では、知識の一つとして理解され、動物の交尾、繁殖の仕組みなど、生物学の科学的知識と同列に（我が事と結びつくことなく）理解される。同時に他方では、この話題の周辺には、何となく「触れてはいけない」空気を感じる。

このあたりの事情をある学生はこう報告している。小学校一年生の頃、母親と一緒に「子ども向けの性教育の本」を見ながら、「精子と卵子が受精して子どもができる」と説明してもらった時のことである。

「……その時、私は確かに「子どもがどのように生まれるのか」という問題に対して、生物学的な点においてはその仕組みを理解したものの、それが具体的な性行為とは結びついていませんでした。また「性」というものが、何となく触れてはいけない話題のように感じていたので、性に関して両親と話したのはその時だけで、それ以降は性について触れることなく、ほとんど知識も身につけることなく中学生になりました……」。

「精子と卵子の結合」という生理学的事実と、「性交渉」という人の営み。ましてその背景をなす女と男の恋模様までそこに重ねて理解する作業は、単なる「知識」の理解とはかなり位相の異なる出来事であるのだろう。子どもたちは「点と点」で理解している。それぞれの「点」の情報は得ているのだが、しかし点と点の「つながり」が見えない。

およそそのように理解した上で、しかし学生たちの報告に限ってみても、こうした領域への関わり方は千差万別。まるで関心を持ったことがないという報告から、好奇心の塊になっていたという記憶まで様々である。一体、子どもたちはどのようにして「知識」を入手するに至るのか。

「知識」

ひとつの「回想」を見よう。英国精神医学のロナルド・レインが面白い思い出を書き残している。とりわけ「生の事実 the facts of life」をめぐる三つの場面。

最初は、九歳のある土曜の午後、母親と買い物に出かけた時のこと。彼は母親に尋ねた。

ロナルド　赤ちゃんはどこから来るの。Where do babies come from?
母親　お空からよ。from heaven.
ロナルド　それは知ってるよ。でもどうやってここに来るの。
母親　お母さんとお父さんが赤ちゃんを送ってくださいって神様にお祈りするのよ。
ロナルド　どうやって送られてくるの。
母親　もっと大きくなったらわかるのよ。
ロナルド　どうして今、教えられないの。

母親 おまえはあんまり小さいからわからないのよ。大きくなったらわかるわ。それでおしまいだった。

（レイン『生の事実』塚本嘉寿・笠原嘉訳、みすず書房、一九七九年、二〇〇二年、一四―一五頁、R. D. Laing, *The Facts of Life*, Pantheon, 1976, p.9）

「神様にお祈りする（お願いする）」という返答がどの程度人類に共通なのか、あるいは、「まだ小さいからわからない」という対応がどれほど近代社会（フーコーの用語法で言えば「ヴィクトリア朝の人間」）に限定されたことであるのか。そうした問いだけでも、実は膨大な文化史的検討を必要とすることになるのだろうが、レインは何もコメントせずに続けて数年後の場面を思い出している。

十六歳のある日、今度は父親が「生の事実」について話し合いたい、と申し出た。その時の父親と息子の（ギコチナイ）会話。

父親 生の事実についてだが……

ロナルド お父さん、わかってるよ。僕は学校でそれを習ったよ（そう言ってホッとした。憶えている限り、私が嘘をついたのは、八年間でこの時だけである。父が私に話そうとしていることが、私には恐ろしかった。私はそれが何であるかは知らなかったが、それでも父からそのことを聞きたくなかった。）

父親 そうか、そりゃ、よかった。よかった。何か聞きたいことがあるかね。

ロナルド いや、別にないよ。

父親　よし、これから何か聞きたいことがあったら、俺がお前のお父さんだということを覚えててくれよ。
ロナルド　ああ、どうもありがとう、お父さん。（一六頁、p.10）

思春期の息子と「生の事実」について話し合いたいと申し出た父親。そして、話が何であるのかはわからないまま「父が私に話そうとしていることが、私には恐ろしかった」と、気まずさを回避する息子。そして「学校で習ったよ」という言葉を聞いた時の父親の安堵の表情。二十世紀初頭の英国中産階級の家庭では普通に見られた光景なのだろうか。

ところが、実はレイン少年自身、自分で「知識」を探り当てていた。第三の場面。

誰も私に「生の事実」を教えてはくれなかった。私は自分が住んでいた町の公共図書館で、大英百科事典の「性」と「生殖」の項を調べてみたが、一番関係がありそうなページは擦り切れたような状態で、それほど擦り切れていないページも消えかかって汚れているので、ほとんど読むことができなかった。……人目につかないようにして、こういった関連項目の載っているページを開くだけでも、あらん限りの勇気がいった。……デパートの書籍売場にいき、性病の危険を論じた本を見つけた。そこには明確な図がのっており、今や私は十六歳の誕生日を迎える直前に、次のことを確認したのであった。すなわち、男性は、女性しか持っていない膣と呼ばれるものの中に、そのペニスを挿入するということ、そして、男性は「射精」し、その結果精液と呼ばれるものがペニスから出てくること、そしてこれは女性の身体の中にまっすぐに入ってゆくこと、またこの精液の中には精子という小さくて眼には見えないものがあり、その中の一つが……といったことを。I had now established, just before my sixteenth birthday, that men put their penises into a thing called a vagina, which women have but men do not have. Then they "ejaculate", which results in something coming out of the penis, called semen, and this goes right inside the woman's body. This semen contains sperm, so small they cannot be seen and one of them... （一一頁、p.13）

現代日本の子どもたちは、どんな「プロセス」を経て、こうした「知識」にたどり着くのか。あるいはインターネットの情報氾濫の中で、「探究のプロセス」を経ることもないまま、剝き出しの情報に触れることになるのか。そして、そうした子どもの状況はいかなる「調査」をすればわかることなのか。

知ってほしくない世界

さて、学生たちの報告にも、親に尋ねた時の「気まずい」雰囲気が、しばしば登場する。ある学生は母親に「赤ちゃんはどこから来るの」と尋ねたら、あっさりと「わからないことは先生に聞きなさい」とかわされてしまった時のことを憶えている。ある学生は、学校で習った知識を帰って話すと必ず笑顔で誉めてくれた母親が、性教育の授業で習った新鮮な知識を得意になって話した時には、そっけなく「よく勉強しているね」とだけ返事が返ってきた時の奇妙な空気を忘れないという。子どもたちは敏感である。「いつもと違う母の様子」を深く記憶に留めている。そして「こうした話はしてはいけない」と感じ取る。

ある学生はこう書いていた。

「……親にとって子どもに知ってほしくない世界がある、ということは、かなり小さい時からわかっていたように思う。もしかしたら、「知ってほしくない世界」を親がこのように示すことで、かえって、どこかで知識を入手したり、「わかってしまおう」という気持ちが子どもの側に生まれるのかもしれない……」。

知られてほしくない世界がある。何かはわからない。ただ何かが隠されていて、それに近づくことを親が喜ばないということを感じとっている。だからそのまま触れることがなかった子どももいれば、逆にだからこそ知りたいと好奇心を持つ子どももいる。

まして思春期になると、話は一層複雑になる。

「……思春期の子どもの「知りたくない」という感覚は、大人に対して「知っていることを知られたくない」という感覚があるような気がします。大人が性を子どもには伝えたくないと考えていることや、子どもに対して「いつまでも子どもでいてほしい」という感じを持っていることを察して、思春期の子どもの「知りたくない」という感覚が生じるように思います……」。

そういえばフーコーも「抑圧」について書いていた。生殖とつながらない「性（セクシュアリテ）」は沈黙を強いられる。「そういうものは存在しないだけではなく、存在してはならない」のであり、とりわけ「子どもには性（セックス）はない」ことになっている。「だからこそ子どもたちには性を禁止するのだし、彼らが性を口にすることを禁ずるのであり、……この件については万事注意深い沈黙を適用するのである」（ミシェル・フーコー『性の歴史Ⅰ　知への意志』渡辺守章訳、新潮社、一九八六年、一〇―一一頁）。

あるいは、ある学生はこんなことも書いていた。

「……「性に興味があることを人に知られるのが恥ずかしい」という思いがあり、しかしその反面、恥ずかしいと感じる自分は自信がないように思えて、好ましくないと思っていた。多少の知識を得た後も、家ではずっと知らない振りをしていたが、この知らない振りをすることに気まずさを感じてもいた……」。

おそらくこうした点が普通の「知識」と違うのだろう。知識を得ることが「恥ずかしさ」を招き、知らない振りをすることが「気まずさ」を招く。さらにある時期までは「既に知っている」ことが恥ずかしく、ある時期からは「まだ知らない」ことが恥ずかしい。しかもその「時期」の基準が、時代により文化によって異なる（「年齢規範」や「年齢相応の振る舞い」については、ハワード・P・チュダコフ『年齢意識の社会学』工藤政司・藤田永祐訳、法政大学出版局、一九九四年）。

なお、両親が不仲であったという学生の報告も貴重である。

「……小学校三、四年で科学的な性教育を学んで、自分が生まれてきたことがわかりましたが、両親が不仲だったのであまり実感がわかず、あえて自分の誕生について尋ねることもしませんでした。……」。

両親の離婚や別居（あるいは家庭内離婚）を経験する子どもたちにとって、こうした「知識」はいかなる意味を持つのか。そしてそれが自らの誕生と結びつき、自らの存在の根拠（在ることの不思議）の感覚と結びつく時、その心にいかなる反応を生じさせるのだろうか。

「自然に知る」ということ――教えてもらうことか

さて、学生たちと話をする場合、このあたりから（参加者によって）議論が分かれてくる。「性教育」の問題への関わり方の違いである。子どもたちに教えるべきか。学校で教えるべきなのか。発達段階に応じて何をいつ教えるのがよいのか。それとも「自然に知る」に任せておくのが一番よいのか。とりわけ「自然に知る」という点は常に論争の的になる。例えばある学生はこう書いていた。

「……「子どもはどうやってできるの」と聞いたことがある。そのとき母は「知らない」と言って逃げてしまった。その気まずそうな様子から、私は性に関する質問が家の中ではタブーであることを感じ取ったような気がする。性に関しては「自然に知る」というのは完全に大人の「幻想」だと思う……」。

ある学生はこんな記憶を書きとめている。少し長くなるがまとめて引用する。

……性と出産につながりがあるということを初めて知ったのは、小学校二年生くらいの時でした。それまで、テレビでラブシーンが出たりすると、両親も祖母も、本当に嫌悪感をあらわにしてチャンネルを換えてしまっていたので、そういう行為は本当にいやらしい、一部の不道徳な大人だけが行う特殊なものなのだろうと思っていました。ところが小学校二年の時、保健室で休んでいた時、保健の先生が渡してくれた本が、子ども向けの性教育の本で、漫画のような可愛らしい絵で、動物の交尾と並んで人間の性行為の様子が描かれていました。今までいやらしい避けるべきと思っていた行為が、「赤ちゃん」という幸せな存在と結びついていたこと、しかも私が生まれたということは自分の両親もそうした行為をしたことがあったのだということ、この二つを一度に知らされることになって本当にショックだったことを憶えています。……

むろん、もっとアッケラカンとした報告もたくさんあり、「あまり真剣に捉えない方がよい」という批判もあることは承知の上で、しかし多くの場合、こうした「知識」は何らかの心理的（実存的）反応を引き起こすように思われる。そして、もし「自然に知る」という言葉が「何らかの特別な反応を起こすことなく」という意味であるならば、（先の学生の言葉の通り）「自然に知るというのは大人の幻想にすぎない」のではないか。あるいはそれは「大人の期待」であり、「大人の責任回避」ではないか。

そうした中で今日、早い時期から「正確な知識」を伝える方がよいとする見解が一般的になっている。それを承知の上で、ある学生はこんなことを書いていた。

……その子が知りたいと欲する以前に語ってしまうことは、子どもの世界を本当にぶち壊してしまう気がします。……知りたがった時は、教えてあげればよいのかもしれません。しかしそれ以外の時には、性は秘め事という感情を、語る側が持っていて、恥じらいや戸惑いを持ちながら語ることで、性は秘め事という感覚を間接的に子どもに伝えてゆく、それは現代社会においては大切なことのように思えます。……

この「秘め事」という言葉をめぐっても様々な議論があったのだが、私の理解ではそれは「隠す」ことではない。しかし「何らの配慮もない（あけすけな大っぴら）」とも違う。然るべき時に然るべきことを伝える深い智慧に満ちた（アリストテレスならば「フロネーシス」と呼んだであろう）抑えの利いた身のこなし。隠すべきではないことを前提にした上で、そうした深い配慮が、大人の側に求められているように思われる。

＊　学校の「性教育」の授業について、学生たちの報告は概して否定的である。「既に知っている子」にとっては不自然な教師の語りが不快であり、「まだ知らない子」にとっては教師の語りでは理解できない。しかし中には肯定的に思い出す学生もいて、何も知らなかったから授業で教えてもらい助かったという報告もある。また、「性教育」を「避妊の知識の伝達」と理解することに対して、一方にはそれでは足りないとする意見があり、他方には学校はむしろその任務に専念すべきであるという見解もある。後者はいわば生活指導の一環として「避妊の知識」だけをドライに伝達する試みであり、考え始めると際限のない問題に対して現実的な行動指針を示すものである。本書はこの問題にこれ以上立ち入る用意も勇気も持ち合わせていないが、「性教育」を「死の教育」とワンセットにして検討し、あるいは、「私という存在の根拠」の問題と重ねて検討する方向に（ほのかな）期待を持っている。

「性の問い」と「存在の問い」

誕生をめぐる謎。そして誕生のインファンティア。一方には「性と出産」という不思議があり、他方には「〈自分〉という出来事の開始」という不思議がある。そしてその両者が結びつく不思議があり、あるいは、結びつかない不思議がある。

「誕生」が自分の人生の「始まり」である限り、それは「自分という存在の開始」である。自分がここに「いる（存在している）」ことが不思議に感じられる「存在論的な問い」。その問いが「性」の話と結びつく。どちらか一方だけでは足りない、その両方を内に含むような「誕生・出生」という出来事について、子どもたちは（私たちは子どもの頃）、どんな不思議を感じていたのか。

そしてその先に、さらに困難な問題がある。誕生する以前、「自分がまったく存在していなかった」という事実。私たち大人はもう驚くことがないその事実に、子どもたちの心は、ある日、突然直面する。

インテルメッツォ 2

民族生殖理論の地平——精子と卵子の結合とは別の仕方で

現代の科学は「精子と卵子の結合」を生殖の正解とする。ではそうした知識が確認される以前、人々はどのように考えていたのか。あるいは、そうした知識を持たない地域の人々は「生殖・出産」の仕組みをどのように理解してきたのか。文化人類学を拠点とする「民族生殖理論」は興味深い事例を伝えてくれる。人々は「精子と卵子の結合とは別の仕方で」生殖を理解し、その理解に基づいて独自の家族（親族関係）を形成していた。

マリノフスキ報告

研究の嚆矢は、ポーランド生まれの英国の文化人類学者ブロニスラフ・マリノフスキによる報告である（『未開人の性生活』泉靖一・蒲生正男・島澄訳、新泉社、一九六八年、Bronisław K. Malinowski, *The Sexual Life of Savages in North-Western Melanesia*, 1929）。二十世紀初頭、トロブリアンド諸島（ニューギニア島の南東端の北方・ソロモン海上）の諸民族においては「性交と妊娠の関係」が知られていなかった。妊娠は「バロア」（精霊や祖霊）によって生じる。バロマの存在なしに女性が妊娠することはない。妊娠は性交渉の結果ではない。島の人々は「生理学的父子関係 biological paternity にまったく無知」であり、生殖における男の役割は無視されていたというのである（第七章「生殖と妊娠に関する考えと慣習」)。以下、要点のみ簡単に見ておく。

第一に「霊」の再生という点。生理的過程は霊の再生と重ねて理解されている。人の死後、霊(バロマ)は「死者の島(トゥマ)」へ行き、現世よりも幸福な生活を送る。死者の島では繰り返し若返ることができる。しかし若返りに飽きた霊は、再び現世に戻ってきて同じ氏族の女性の体内に入る。この「体内に入る霊」をマリノフスキは「精霊(霊－子 spirit-child)」と呼ぶ(以後、民族生殖理論の伝統はこの用語を使う。日本語では「魂(たましい・たま)」に近い)。

島の人々の見解は一致せず混乱しているが、共有されているのは、「精霊(スピリット・チャイルド)が一人で移動するわけではない」という点である。別の霊が、精霊を、女性のもとに運ぶ。子どもを与えるのは、正確には、精霊ではなくて、「精霊を彼女に遣わした霊」である。その霊が精霊を女性の頭に置くと、精霊が女性の血液を通して胎内に入り込む。そして血液が子どもの身体を作るために、妊娠すると月経が止まる。

こうして島の人々は、子どもが霊の生まれ変わりであるという。しかし彼らは、それが「誰の生まれ変わりであるか」という点には関心を持たない。「過去の人生(過去世)」にも関心を持たない。さらに、彼らは因果応報的な罰の観念を持たないから「業(カルマ)」の継承もない。あくまで、氏族の連続性を確認することが重要なのである。

第二に、妊娠における父親の役割。島の人々は、女性の妊娠が(生理学的には)男性と関わりなしに成り立つという。しかしマリノフスキは慎重にこうも書いている。彼らは本当に知らないのか。むしろあまりに明白な事実は語られることなく、「伝説」が過大に強調されているのではないか。

そうした留保をつけながらしかしいくつかの興味深い指摘をする。

たとえば、島の人々によれば「処女は妊娠しない」。子どもが入るための道が開いていなければ妊娠できない。しかし道を開くのは男性性器である必要はない。また道を開くためには一度で十分である。一度開いてしまえば、その後は男性がいなくても妊娠する。あるいは、島の人々によれば、未婚の少女たちが男性と性交しても妊娠しない。島では子どもの頃から性生活が開始され、既婚の女より熱心に性生活を送っているのに妊娠しない。確かに初潮以前に性生活が開始されるとすれば、それは正確な経験的事実ということになる。

＊「生物学的父子関係に無知である」という命題をめぐって人類学者たちの間に「処女懐胎論争」が続いた（栗田博之「赤ちゃんはどこから来るの？——人類学史上の「処女懐胎論争」について」、須藤健一・杉島敬志編『性の民族誌』人文書院、一九九三年）。例えば、彼らも無知ではない。動物に関しては妊娠が交尾の結果であると知っている。ある研究者によれば「精霊＝子ども説」は男性の公式的な説明であり、女性や子どもたちは「生理学的父子関係」を知っている。あるいは、キリスト教徒の「処女懐胎」信仰はなぜ父子関係に無知と言われないのか。遺伝子の知識がないと、本当に知っていることにはならないのか。「無知である」のではなくて、「我々の信じている性交と妊娠の関係を彼らは信じていない」と言うべきではないか、等々。

第三に、興味深いのは、「自分の子ども」の範囲の広がりである。例えば、ある男が一年以上留守にして家に戻ると、新しい赤ん坊が生まれていた。その男によれば、その事実こそ、性交渉と妊娠が何の関係もない証拠である。そして誰も妻の貞節を疑うことはなかったという。また別の島では、男が二年間留守にした後、家に戻ると、妻に赤ん坊が生まれていたので大喜びをした。それを目にした西洋人が妻の不貞を指摘したが「彼は少しも理解できなかった」。妻に生まれた子どもはすべて「自分の子ども」として歓迎し、正式な父子関係において認められるのである。

ところが、逆に、「婚姻関係から離れた出産において生まれた子ども」は、決して「自分の子ども」とは認めない。したがって結婚前に出産するとその結婚は破棄される（結婚前に母になってはならない。結婚前に妊娠した場合、養子として、親族に引き取られることが多いという）。

こうして、この社会においては、生理学的な父子関係より、社会的な父子関係が重視される。〈妊娠に関わった父親（genitor 生物学的父親）〉ではなく、〈社会的な父の役割を取る父親（pater 社会的父親）〉がきわめて重要な意味を持っていることになる。

その他にも、マリノフスキは、この島の人々が、性的自由を謳歌していること、避妊の知識はないこと、しかし堕胎はあまり聞かず「私生児」に出会うことも少ないと報告する。なお、不思議なことに、「母方の親族に顔が似ている」と言うことがきわめて失礼にあたると報告している。母方の親族が「同じ身体」を持つとされているにもかかわらず、父親に似ることが当然とされ、母方に似るのは恥とされるというのである（この点は解明されないままである。なお、マリノフスキの報告は、「妊娠と出産」をめぐる儀礼、情事、誘惑、放蕩、乱行についても詳細に報告し、二十世紀初頭の西洋知識人を驚かせた）。

生殖の理解と社会構造

こうした研究に刺激を受けて展開したその後の民族生殖理論についても簡単に見ておく。

第一に、生殖の理解が社会の仕組みを規定するという問題。生殖理解の違いが異なる親族組織・社会構造を作り出す。そしてしばしば生殖の理解が、既成の社会構造を正当化する説明原理として機能する。

その典型が、粟田博之氏によって報告されたオーストラリアの先住民アボリジニー、ファス族である（粟田博之「民俗生殖理論と家族・親族」、清水昭俊編『家族の自然と文化』弘文堂、一九八八年）。ファス族によれば、胎児は、父親の精液と母親の経血の結合によって形成される。父親の精液が胎児の骨になり、母親の経血が血や肉となる。興味深いことに、妊娠するためには一回の性交渉では不十分であり、女性の子宮の中に精液が溜らなければ、胎児は形成されない。およそ十回程度の性交渉が必要とされるが、その回数が多すぎた場合には、双子になる。その場合、同性の双子であれば問題はない。母親の夫が双子の生物学的父親（ジェニター）であり、同時に社会的父親（ペイター）である。

問題が生じるのは、男女の双子の場合である。ファス族においては、双子の男の子のジェニターは母親の夫であるが、女の子のジェニターは別の男性であるとされる。つまり男女の双子が生まれた場合、母親は、夫以外の男性と不貞関係にあったと理解されてしまうのである。粟田氏によれば、そうした場合、夫は暴力的に聞き出し、妻は、事実があろうとなかろうと、結局はある男性の名前を挙げざるを得ない。さもなければ夫の怒りに殺されてしまう。潔白を証明するためには自殺するしかない。妻が告白すると、夫はその男性に賠償の支払いを要求し、応じる場合もあるが、応じない場合は紛争になったというのである（今日オーストラリア政府が関わるようになって以降、裁判で解決を図るようになっているという）。

こうしてファス族の場合、生殖の理解が大きな「誤解」を生じさせ、それが紛争の火種となった。先のトロブリアンド諸島の人々が、婚姻関係にある妻の出産はすべて「自分の子ども」として歓迎していたのとは、正反対である。今日私たちの社会は、生殖に関する「生理学的理解」を大きく変化させている。性交渉なしに妊娠が可能になり（人工授精）、出産を経ずして遺伝子上の子どもを得ることができる（代理出産）。その時、家族関係にいかなる問題が生じてくるのか。

第二は、「本当の母親」をめぐる問題。「本当の母親」とは誰か、出産した母が「本当の母」とは限らないという問題である（出口顯『誕生のジェネオロジー——人工生殖と自然らしさ』世界思想社、一九九九年、七七—七八頁）。

西オーストラリアのアボリジニー・ジガロング族も、トロブリアンド諸島の人々と同様、「精霊（スピリット・チャイルド）」が女性のからだに入ることによって妊娠するという。精霊は、手足の親指の爪の下や口から女性の胎内に入るから、女性は性交渉を経験することなく妊娠可能である。「多くの精霊たちが集まる場所（ジャビヤ）」に迷い込んだ女性は、誰でもたちどころに妊娠する。精霊は、母親の前に現われる時、動植物の姿で出てくる。妊娠した女性は、その出会った動植物を生まれてくるその子どもの「トーテム」とする。

さて、ジガロングの人々によれば、このように精霊と遭遇した女性が「本当の母」であるが、しかしその女性が子どもを出産するとは限らない。あるいは、別の女性が出産したとしても、「本当の母親」はあくまで「精霊と遭遇した女性」である。

出口氏が紹介するのは、イモ掘りに出た姉と妹の（奇妙な）話である。立派なイモをみつけた姉は独占しようと隠して持ち帰るが、いつまで待っても食べごろにならない。精霊がこのイモの形で現れている。姉がそう考えていた時に、妹が妊娠する。私たちの感覚で言えば、この「姉のイモ」と「妹の妊娠」とには何の関連もない。しかしジガロング族の社会においては、「精霊が貪欲な姉を嫌い妹の胎に宿り直した」と理解される。そして（ややこしいことに）この場合の「本当の母」は、「精霊に出会った姉」とされるのである。

なお、出口氏は、この事例を現代の「代理出産」と重ねて理解しながら、ジガロングの智恵に倣えば、「子どもを最初にほしいと思った女性」が「本当の母」ということになるという。そして、新しいと思われる親子関係も、実は「既に以前から人間社会に存在していたもの」であり、「生殖テクノロジーが進むと、それが作り出す現象は、「未開社会」の生殖理論と酷似してくる」という。

第三は、男の精液が子どもを生みだすと考えた古代中国の事例である（植野弘子「血の霊力――漢民族の生殖観と不浄観」、須藤健一・杉島敬志編『性の民族誌』人文書院、一九九三年）。

マリノフスキの紹介したトロブリアンド諸島の人々が、妊娠における男性の役割を（生理学的に）理解していなかったのと反対に、古代中国の人々は、男の精液が子どもを生み出し、女はそれを子宮で養うと考えた。つまり、父が種、母は畑にすぎない。子どもは父親と直接的に連続している。「父と子は現象的には二つの固体であるけれども、両者の内に生きる生命そのものは同一である」。

正確には、この理解は、陰陽二元論に基づき（男は陽であり精液によって骨を作り、女は陰であり経血によって肉を作る）、さらにその背後に「気」のコスモロジーがある。「気は変化して血となり、血は変化して精となり、精は変化して液となり、液は変化して骨となる」（『漢武帝内伝』）（石田秀実『気――流れる身体』平川出版社、一九九〇年、二〇五頁）。「気」が液体となって「精（精液）」となり、その「精」が「骨」となるから、骨は「気（いのち）」の直系である。血や肉は消滅するが、骨は永続的に継承されてゆく。そして、骨は父系ラインを通じて受け継がれてゆく（父子出自の説明原理となる）。父が骨を与え、母が肉を与える。精液によって父の属性が伝えられ、女性の分泌物や経血によって養われる。つまり、父が種、母は畑という理解なのである。

＊　「男が種、女が畑」というメタファーによって父系原理を説く生殖観としては、沖縄の「種（サニ）と苗代（ナーシル）」がある。稲が種から生じるように子どもは男から生じ、女は種を育成する温床であると理解されている。それに対して、ミクロネシアのヤップ島では、「女が畑、男が種子を植え付ける」と母系原理を説く。男は作物を植え付けるが、作物の栄養は畑から得ているから、作物（子ども）は女に属するという。同じ「畑」のメタファーでも、関係が逆転することになる。

異文化とインファンティア

こうして、異なる時代、異なる民族の人々は、「精子と卵子の結合」とは別の仕方で生殖を理解し、その理解を基礎にして、それぞれ別の親族組織を作り上げていた。

では一体、そうした社会の子どもたちは、どのように「誕生の不思議」を感じていたのか。トロブリアンドの島の子どもたちは、精霊の話を聴く以前には、（例えば水浴びに疲れた後のほんの一瞬）「自分はどこから来たのか」という不思議を感じるのだろうか。あるいは、「自分が・ここに・いる」という、言葉にならないインファンティアを体験するのだろうか。

古代中国の五歳の少年たちは、「父が種、母が畑」という「知識」を得る前に、「生まれる前、僕はどこにいたのか」とお母さんに尋ねることがあったのか。そしてその時母親はどう答えたのだろうか。

「精子と卵子の結合」とは別の仕方で生殖を理解していた人々。しかしその人々も、やはりそのそれぞれの「大人の知識」を「正解」としていたのだろう。そしてその「正解」によって子どもの頃の不思議を塗りつぶしてきた。子どもの頃に感じていた漠然とした不思議（インファンティア）。その厚みを持った不思議が「赤ちゃんはどこから来たのか」という問いに閉じ込められ、そして生殖の話に回収されてしまう。

私たちは誕生について科学的に解明したと考えている。他の（「未開」の）民族より「正しい知識」を持っていると言う。確かにある一面においては「より正しい」のだろうが、しかし完全に解明したのか。「死んだらどうなるか」という問いには答えることができないが、「誕生」に関しては答えがある。そう語られるのだが、本当にそうか。例えば、科学的な知識によって「生殖を操作できる技術」を獲得したことと引き換えに、いかなる困難が生じ、いかなる危険を招き寄せてしまったのか。

民族生殖理論が伝えるコスモロジーは、「妊娠」に関する一般的事実の説明ではない。この子が、「いかなるつながりの中で、何のために、生まれてきたのか」という問いに答えようとする。

そして子どもたちは、おそらく古代中国の子どもたちも、トロブリアン島の子どもたちも、現代日本の子どもたちも、ある時フト「自分がいる」不思議を感じる。私たち大人の言葉では「自分がいるという不思議」としか語りようがない不思議を感じる時がある。そのすべてが誕生の問いであるわけではないのだろうが、本書は誕生の問いを切り口として、そうしたインファンティアの地平を予感する。

III　なぜ私を生んだのか

――自分の出生・出生の偶然

誕生について何か不思議を感じたことはないか。そうした問い掛けに、ある学生がこんなことを書いてきた。「子どもの頃、母親に、なぜ僕を生んだのかと責めて困らせたことがありました」。

一体どういう状況だったのか。私たちに与えられている情報は、この学生が誕生の問題を自分自身の問題として考えたということ、「なぜ僕を生んだのか」と母親に問うたこと、そしてその出来事を「母親を困らせた」と回想していることだけである。この言葉の背景にどんな状況があったのか。「なぜ僕を生んだのか」という問いの背後にどんな思いがあったのか。

誕生の問いを、「なぜ自分は生まれてきたのか」という問いと結びつけて理解する学生が毎年数人いる。その人たちにとって、誕生の問いは、生殖や性の話ではない。そうではなくて「自分はなぜ生きているのか」という問い。「なぜ来たのか、何のためにここにいるのか」。

十年ほど前のクラスにいたある学生は、この問いが「自らの出生の根幹に関わる」と書いた。そしてこの問いの根底には、本当は、別の問いが潜んでいるという。

「なぜ私は、あなたたちの子どもなのか」。

そしてその底には、さらに深い、決して表に出ることのない問いが潜んでいる。

「本当は私が生まれてこなかった方がよかったのか。本当はそう思っているのか」。

ニーチェは『悲劇の誕生』の中で、古代ギリシアの智慧を紹介していた（「人間にとって最も望ましいことは何か」というミダス王の問いに対するディオニュソスの従者セレノスの言葉）。

「最も善いことは、お前にはまったく手が届かない、つまり、生まれないこと（nicht geboren zu zein）、存在しないこと（nicht zu sein）、無であること（nichts zu sein）だ。次に善いのは、早く死ぬことだ」（F. Nietzsche, *Die Geburt der Tragödie*, *Werke, Kritische Gesamtausgabe*, *III-1*, 3-20, Walter de Gruyter, 1972, S.31）

生まれないことが最も善い。しかし私たちは、気がついた時には、もう、いた。既に「いた」。投げ込まれてしまっていた。その原事実をめぐる問題である。

Ⅲ—1　出自とアイデンティティ
——本当の父親ではなかった

実の父ではなかった

「……私を育ててくれた父親は、実の父ではありません。父は私が誕生して間もなく死んだため、母は再婚しました……」。

そのあと、少しだけ母親との関係について触れたある学生の報告は、淡々としたものだった。この学生は両親とよい関係を持っているように思われた。おそらく子どもの頃からこの話を聞いていたのであろう。「ある日突然、実は……」と知らされた戸惑いは感じられなかった。

しかし現実にはそうした「突然」がある。ある時、突然、実は本当の親ではなかったと告げられる。ということはそれまで「隠されていた」という事実を突き付けられるということである。

「本当の親ではない」と知る時、人の心に何が生じるのか。「この親の子どもである」という、ふだんは意識することのない自明の前提が一挙に崩れ去る出来事。あらためて自分の「出生・出自」が問い直される。自分は誰なのか。誰の子どもであるのか。私たちの心にとって、その事実がいかに大きな土台をなしているのか。

「本当の親ではなかった」という体験を、生涯を通じて問い続けた思想家の一人にE・H・エリクソンがいる。「アイデンティティ」という言葉で知られる彼は、父親を知らなかった。幾多の調査にもかかわらずいまだにその父親は判明していない。母は何も語らなかった。というより正確には「私の出生について母は、なんと多数のつじつまの合わない手掛かりを私に与えたことか」。事態は実に複雑だったのである（ローレンス・J・フリードマン『エリクソンの人生 上』やまだようこ・西平直共監訳、鈴木真理子・三宅真季子訳、新曜社、二〇〇三年、第一章に詳しい）。

本当の父は誰か。自分は誰の子なのか。自分はどこに属する者なのか。その「出自」をめぐる問いが、「アイデンティティ」という言葉の根底に、最初から潜んでいたことになる。

＊ 個別の状況は複雑である。例えば、〈別の男性が実の親であった〉ことを確認する場合と、〈実の父親が誰なのか特定できない〉場合とは違う。あるいは母親が問題になる場合、例えば代理出産のように〈別の女性が実の母親であった〉と確認する場合と、〈実の母親が誰なのか特定できない〉場合は違う。さらにその事実を知らされた時が何歳であったか、家族関係はどうだったかなど、個別のケースに即して丁寧に見てゆけば、「本当の親ではなかったという体験」などと一括りにできなくなる。あるいはそのように一般化すること自体が、実はある種の偏見につながる危険性まで含めて、丁寧な検討が必要である。

生殖補助技術で生まれた子どもたち

今日、現代医療技術が「進歩」する中で、私たち人類は、これまでに体験したことのない様々な困難を抱えつつある。その一つに「生殖補助技術で生まれた子どもたち」の問題がある。例えば、人生のある時、自分が「人工授精」で誕生したことを知らされる。そして、共に過ごしてきた父が、実の父（生物学的な父親・ジェニター）ではないことを知らされる。のみならず、実の父を探し出す手立てがないことを、突然、告げられるのである。

＊ 人工授精、正式には「非配偶者間人工授精ＡＩＤ」。日本では一九四八年以来およそ一万人、今日でも毎年約百人の子どもたちがこの技術によって誕生していると推定されている。その「精子提供者（ドナー）」については「匿名の第三者による無償提供」という原則がある以外、情報は開示されない。

第三者から精子が提供され、人工的に受精し、母親の妊娠・出産を経て誕生する。本当の父はわからない。むしろ多くの場合、その「事実」は伏せられ、父親（戸籍上の父親・ペイター）の実子として、何も知らされないまま育つ。

ところが、ある時「事実」を知らされる。「出自」が揺らぐ。そしてその時「アイデンティティが崩れる」と、文献は語るのだが、しかしこの「アイデンティティ」というカタカナの背後に、どれほど深く複雑な事情が潜んでいるのか。突然その「事実」を告げられた時、人の心はいかなる位相を体験するのか。「本当の父」が誰かわからないという「事実」は、人の心にいかなる深みで「空白」を作るのか。

そうしたことをあれこれ考えていた折、たまたま、その当事者たち（そうした仕方で生まれた人たち）が立ち上げた集まりのことを耳にした。情けないが、私は、そうした「子どもたち」が成長し既に大人になっているという、そんな単純なことすら、うまく想像できずにいたから、その方々の話を聞く機会があろうとは予期していなかった。偶然が幾つか重なって、私はその集まりの末席に身を連ねた（「第三者の関わる生殖技術について考える会　立ち上げ集会――第三者の関わる生殖技術にＳＴＯＰ！」慶応大学、二〇一〇年三月二〇日。拙論「出自とアイデンティティ――この体験の位相に「アイデンティティ」という言葉は適切か」、『ＵＰ』二〇一〇年七月号、東京大学出版会）。

当事者の語り

集まりの場で自らの体験を語ってくださったのは、既婚の女性だった。その人が、家族を持ち、しかもお子さんがおられるということに、なぜか私は安心した。と同時に、この問題がいかに当事者個人（内面的葛藤）を越えた広がりを持つか、痛いほど思い知らされた。

この人が初めてその事実を母親から聞いた（聞かされた）のは三十二歳。両親が離婚した時だったという。その時のことをこの方は、「なるほど、と腑に落ちた」と語り始めた。「そりゃそうだろう」とも。それ以前にも「何かあるなと感じていた。似ていなくて、なんとなくここにいてもいいのかと。居心地の悪さを感じていた」という。しかしその時は大きな動揺にはならなかった（あるいは抑圧せざるを得なかったのだろうか）。その代わり、三年後、母親の死に際して、深刻な事態に見舞われた。「自分がなぜここにいるのか」。

文献が「アイデンティティの危機」という言葉によって書きとめてきた事態。その人は、一つの物語に仕立てることを避けるかのように、足早に、断片的な言葉を語られた。手元にある私のノートには、

「根っこにあるもの」、「その上に自分の経験が積み重なってきた土台」、「生きてきた人生を失うことになる」、「意味がなくなる」という文字が並ぶ。そしてすぐに続けて、「家族や子どもに対して責任を感じる」、「空白が」、「自分の問題も解決していないのに」とある。

自分自身の人生がその上に積み重なってきた土台が、実は「空白」であったという事実。その事実の前にこれまで生きてきた人生を失う、と同時に、子どもに対してどうやって責任をとったらいいのか。

その語りの中には、何回か「空白の部分」という言葉が出てきた。提供者がわからない。遺伝上の父親を知ることができない。その事実がいかに深い意味を持つか。母親に尋ねても「ごめんね、わからんね」と言われるだけ、と語られたその言葉に、どの土地のイントネーションなのか、微《かす》かに日々の暮らしの香りが感じられた時、「空白」という言葉が初めて私のからだの奥底に響いた。例えば、医者から「ご家族に喘息の方がいますか」と質問されても答えることができない。「ご家族」という言葉が、遺伝上のつながりという意味であるならば、文字通り、空白である。そうした「わからなさ」の不安。しかも「そうした悩みを悩んでいいのかわからない」。この問題は知られていないから相談できない。孤立してしまう。さらに「愛されて育ったんだからいいじゃない」という言葉にも深く傷つく。社会が認めない技術で生まれたということ。生まれに関して「なかった」ことにされてしまう。自分の子がこのことで何か言われたらどうしよう。家庭内で解決される問題ではない……。

ほんの十五分ほどだったのだが、その声（語り）は、深く私の身に届いた。

アイデンティティの土台

アイデンティティという言葉に話を絞って、少しだけ、問題を整理してみる。

一、文献によると、多くの場合、こうした当事者たちは、事実を告げられる前から、何となく気がついている（才村眞理『生殖補助医療で生まれた子どもの出自を知る権利』福村出版、二〇〇八年）。そこで、話を聞いた時「納得する」。むろんそこには何らかの心理的な防衛機制を予想すべきなのだろうが、しかし例えば、漠然と「変だな」と感じながら、その話になると「すぐに話題を変えてしまう親の様子」が子どもたちの心に深い「何か」を残すであろうことは想像に難くない。「何かが隠されている」という感覚は、問うこと自体が封印されるという仕方で、子どもの心に「何か」を、しいて言葉にしてみれば「漠然とした不安」を残す。

そう考えてみた時、「隠し通す」ということは、本当に可能なのか。むろん親たちは「本当の父親と思ってほしい」と願う。隠し通すことが子どもへの思いやりであるともいう。これまでうまくいってきたのだから、わざわざ告知する必要はない。知らない方がよいこともある……。しかし「何かが隠されているという感覚」が、子どもの心に何らかの仕方で残ってしまうとすれば、「何かを隠している」ということまでは、隠し通すことができないのではないか。子どもたちは、おそらく、「うすうす」気づいている。むろんこの問題に限らない。「アイデンティティの土台」に関わる位相の出来事については、子どもたちの多くが「うすうす」何かを感じ取っている。そしてその微妙な「うすうす」のバランスに留めておくことができるのは、特殊な好条件が重なった、きわめて稀な場合である。その有り難い状況をどの人の人生にも自明のことのように考えて「隠し通す」ことを期待するのは、あまりに危険ではないか。

＊「卵子提供で生まれた子ども」のための絵本が作られた（才村眞理・文／中西慶子・絵『ゆみちゃんのものがたり――愛する両親から、卵子提供で生まれた子どもにテリングする』発行者・才村眞理、二〇一三年）。「ゆみちゃんが生まれるのには、お父さんとお母さんの力だけではなく、もう一人の人が助けてくれたの。／ゆみちゃんも知っているよしこおばちゃんよ。／お母さんのポンポンがうまくはたらかなくて、たまごをつくれなかったの。それで、よしこおばちゃんがたまごをわけてくれたの。……」。そして「解説」はこう語る。「この絵本を活用して、子どものバイオグラフィーの穴があかないように、幼少期より、出生の真実をテリング（告知）してほしいと思います。……絵本は、子どもが三、四歳のころから繰り返し読むことで自然に子どもの心に入ります。しかし、テリングする時の子どもの年齢が大きくなればなるほどショックは大きくなります」。

二、「告げざるを得ない」状況は、私たちの人生の中に、多々待ち構えている。例えば、家庭内に困難が生じ、その問題が極限に達したところで、告げざるを得なくなる。あるいは、遺伝疾患の疑念が生じる中で、明かさざるを得なくなる。ということは、聞く側にしてみれば、ただでさえ動揺しているときに、追い打ちを掛けられるように、突然、新たな事実が告げられる。しかも「それまで隠されていた」という事実も知らされる。「自分がそうやって生まれたということがショックなのではなくて、親がそのことを二十年も隠していたということが非常にショック」という感覚。さらに、「隠さなければならなかった」という事実によって、あらためて「後ろめたい仕方で生まれた」ことを再確認させられる。「事実を知ったらお前が傷つくと思ったから」。ではなぜ傷つけるとわかっていたことを選んだのか。あるいは、伝えることが子どもを傷つけると理解すること自体、子どもに対して失礼ではないか。

そうした当事者たち（この仕方で生まれた方々）の語りを聴く限り、家庭が安定し親子の関係が良好である時に、静かに伝え、そこに生じる困難を共有してゆくことが、長い目で見た場合、望ましいことであるように思われてならない（この困難な問題に関するアンケート調査など、詳細は前掲書『生殖補助医療で生まれた子どもの出自を知る権利』など）。

＊『源氏物語』にはこうした「告知」の場面が、二度も、登場する。一人は十四歳の冷泉帝。母藤壺の死後、十四歳の彼は、夜居《よい》の僧から、本当の父親が、実は桐壺帝ではなく光源氏であることを聞かされる（「薄雲」）。しかし作者紫式部は、事実を初めて耳にした息子の心の中には踏み込まない。「ありえないこと驚きになり、恐しさと、悲しさとが入り乱れ、心が乱れた（「あさましう、めづらかにて、恐ろしうも悲しうも、さまざまに御心乱れたり」）」とのみ語り、すぐに状況描写に移り、事実を伝えた僧は黙り込んだ帝に恐縮して退出しようとしたが、帝は呼び止めた……と続けている。もう一人は、薫。幼少の頃より自己の出生に疑問を持っていた彼は、成人して後、老女房弁の君から柏木の臨終の模様を聞き、柏木が実の父であったことを知る。父柏木の遺文を読んだ薫は、「こんな苦しい思いを経験するものは自分以外にないであろう」と思い、限りなく憂鬱になる。母宮の居間を訪ねると無邪気な様子で経を読んでいた。「今さら自分が秘密を知ったとはお知らせする必要もないことである（「何かは、知りにけりとも、知られたて

まつらむ」）と思って、薫は自分の心に納めておくことにした」（「橋姫」）。

三、父親が、実は「本当の父」ではなかった。しかもその「本当の父」を知る手立てがない。「出自」の半分が空白になる。人生の土台が空洞になる。「その上に積み重なってきたすべてが嘘だったように感じられ」、あるいは、「積み重ねてきた経験が意味をなくしたように」感じられる。当事者たちはそう語る。そうした語りの前に私たちは立ち尽くすしかない。学問の言葉などでは到底すくい取ることのできない地平。

むしろ問題は、こうした語りが私たちに、一体いかなる位相の問いを突き付けているのかという点である。「出自」という出来事の深さ。誰の子であるか。それが「わからない」という事実は、一体、どれほど深い次元の出来事なのか。例えば、それは精神分析の伝統が問い続けてきた問いの位相と同じなのか。フロイトが「エディプス・コンプレックス」と語り、ラカンが「象徴界の成立」と論じた、その出来事と同じ次元と理解してよいのか。

＊　ラカンは「父」を一つの象徴的な記号とする。生物学的・心理学的次元とはまったく別に、象徴的な記号としての「父」を受け入れることによって「象徴界」が成立する。本書の言葉で言えば「インファンティアの問い（想像界）」が「大人のコトバ（象徴界）」に置き直される。もはや誕生の不思議は問われない。「超越的な父というシニフィアン（「父の名」）」を受け入れることによって抑圧が完成する。そうしたラカンの視点から見れば、「本当の父親ではなかった」ことを知らされたこの状況は、生物学的父親が空白に

なることによって「超越的な父というシニフィアン」の虚構に直面し自明性が崩れた事態と理解されることになる。この点を含め、前掲書、三浦雅士『出生の秘密』はきわめて示唆的である。

あるいは、そこで体験される「土台の空白」は、例えば、「産みの親を知らない」孤児たちの体験とはどの位相で触れ合い、どの位相で決定的に異なっているのか。もしくは、この出来事は私たちすべてが抱える「アイデンティティの根拠のなさ」の典型なのか。それとも、まったく異なる、文字通り人類が初めて体験する新しい位相の「体験」なのか。そして一体、こうした出来事に「アイデンティティ」という言葉を対応させることが適切なのか。

そう思ってみれば、この言葉を（今日使われている意味で）最初に使い始めたE・H・エリクソンが、終生、自らの「出自」を問い続けたことは、単なる偶然ではないだろう。自分は誰の子なのか。本当の父は誰か。自分はどこに属する者なのか。その「出自」をめぐる問いが「アイデンティティ」という言葉には最初から含まれていた。たとえ今日このカタカナが、「出自」という出来事とは無縁に使われることが多いとしても、この言葉はその出発点において「人生の土台の空白」と抱き合わせであったのである。生殖補助医療の結果として「出自」が揺らぐ困難を体験しておられる方々。その体験の位相こそ、この「アイデンティティ」という言葉が本来すくい取ろうとした人間存在の深淵である。

「出自を知る権利」をめぐって――社会的な議論へ

最後に、今日まさに議論が進行中の「生殖補助医療によって生まれた子どもたちの出自を知る権利」

について、少しだけ課題を確認しておく。

一、まず、生まれてくる子どもを「当事者」に入れる課題。この医療の当事者は親たちと医療者だけではない。それによって生まれてくる「人」がいる。しかしまだ存在していない。まだ発言しない。その人（その子）は、自分が将来背負うことになる問題を、語ることができない。では、その人の声を誰が代弁したらよいか。

二、生まれる人（子ども）が、実際に「発言」することができるのは、数十年後である。しかしその時には、その技術は、既成事実になっている。「もう遅い」。ところが、同じ仕方で、今日もまた、新たな技術が開発されている。例えば、今日の代理出産で生まれた子どもが、社会に問題を発信できる年齢に達した時には、「もう遅い」。同じことの繰り返しである。では誰が将来世代の「当事者の声」を代弁したらよいか。

三、その上で、「出自を知ること」を「権利」として議論することについて。確かに「子どもの権利」である。親を知る権利、出自を知る権利。[『子どもの権利条約』七条一項、八条一項。「親を知り、アイデンティティを保持する権利の保障」]。にもかかわらず、この問題には、「知る権利」という言葉には馴染まない微妙な側面が含まれている。その繊細なニュアンスを大切にしながら、あるいは、「知らない方がよいこともある」という一面も残しながら、しかし、「知ることもでき、知らないこともできる」という状況の中で、最終的には本人が判断すべきことである。初めから情報を閉ざしてしまう現状に対しては、やはり異議申し立てを続けたい。

＊　人工授精で生まれた男性が二〇一四年三月、情報開示の請求を起こした。横浜市の医師、加藤英明氏。加藤氏は医学生の時（二〇〇二年）実習の検査がきっかけとなり、慶応大学医学部の学生とみられる男性から精子提供を受けて生まれたことを知った。同病院産婦人科の吉村泰典教授を訪ね提供者の情報を求めたが、「提供者を匿名にすることが治療の条件。両親も同意している」と回答は得られなかった。その後も捜し続けたが、提供者をみつけることはできず、情報開示を求める文書を同病院に提出。「遺伝上の父親がわからず、ずっと苦しみ続けてきた」と訴えている。吉村教授は「保存期間を過ぎてカルテも廃棄されており調べようがない」としている（読売新聞、東京新聞など、二〇一四年三月七日）。法整備が進められつつある現在、ＡＩＤ（非配偶者間人工授精）で生まれた人たちの声を確実に受け止める必要がある。例えば、『ＡＩＤで生まれるということ――精子提供で生まれた子どもたちの声』（非配偶者間人工授精で生まれた人の自助グループ／長沖暁子編著、萬書房、二〇一四年）。

Ⅲ―2　未生怨

――なぜ私を生んだのか

親を恨む

親に対する屈折した「憎しみ」を生きる子どもたち。単に「親を憎む」のではない。親を憎むために産まれてきたのではないか。そう思いたくなるほど深い憎しみを生きている。そして同時に、痛ましいほど屈折した「愛情の飢え」を生きている。

例えば、母親から「捨てられた」という少女。両親は離婚した。母親は一時期、娘の世話をしたが、それもつかの間、娘を捨て、一人勝手に別の男のもとに走ってしまう。仕方なく母親の妹のところに預けられるのだが、その叔母からも迷惑がられ、とうとう施設に送られてきた。母親は顔も見せないどころか、連絡ひとつよこさない。しかし少女は親のことを一切口にしない。「親を恨む」ともいわない。そうした言葉のうちにその思いが収まることはないということなのか。その「怨」は切ないほど深い。

しかしそうした「怨」がそのまま「未生怨《みしょうおん》」なのではない。「未生怨」は自分を捨てた母親への恨みではない。むしろそもそも自分を存在させたことに対する恨みである。育て方を恨むのではない。自分のあずかり知らぬところで自分を存在させたことに対する恨み。生まれてこなかった方がよかった、その叫びを問題にする。

＊「未生怨 prenatal rancor」は、心理学の用語としては、生まれる前から既に潜在していた「無意識的な」怨みをいう。例えば、中絶されそうになった胎児の、一度「殺された」ことに対する「無意識的な」恨み。その恨み（攻撃・破壊衝動）は、自らの存在そのものの否定につながる危険を持つ。また「未生怨」には、出生の由来に対する疑問が含まれる場合もあり、出生にまつわる母親の葛藤に気づいた時の幻滅、理想化された母親への幻滅なども含まれる。

この問題を「親を赦《ゆる》す」というモチーフの中で展開したのが、日本における精神分析学の草分け古澤平作であり、その有名な「阿闍世《アジャセ》コンプレックス」の理論である。フロイトの「エディプス・コンプレックス論」に対して日本的メンタリティを提示しようと試みた古澤は、親鸞（『教行信証』）や仏典（『涅槃経』『観無量寿経』）などから「阿闍世物語」を取り出し、その物語の内に「未生怨すら赦す」出来事を見た。未生怨すら「母親の自己犠牲にとろかされる」というのである。

話は遠い昔、古代インド・マガダ国の王子「阿闍世」の出生である。

＊　本書における「阿闍世物語」は阿闍世をめぐる多様な言説をすべて含む。①古澤が論文に示した阿闍世物語。②古澤が主として典拠とした親鸞『教行信証』「信巻」の語る阿闍世物語。③親鸞が典拠とした『涅槃経』の語る阿闍世物語。④その他、様々な仏典に登場するそれぞれ微妙に異なる阿闍世物語。⑤古澤の示した物語を再解釈した小此木圭吾の語る阿闍世物語など。こうした多様なテクストの差をはじめ、古澤の「阿闍世コンプレックス論」に関する詳細な検討については、岩田文昭『近代仏教と青年――近角常観とその時代』（岩波書店、二〇一四年）第九章「宗教と精神分析――古澤平作の阿闍世コンプレックス」。同書によると「古澤の阿闍世説話の主要部分は常観の『懺悔録』の一部を引き写したもの」であり、古澤の「阿闍世コンプレックス論」は常観の宗教観から大きな影響を受けていた。近角常観《ちかずみじょうかん》（一八七〇―一九四一）は真宗大谷派の僧侶。明治末から昭和初期に旧制高校や帝大の学生を中心に大きな影響を与えたという。岩田氏の同書はその実像を見事に描き出したものである。

阿闍世物語

子どもがなかった国王「頻婆娑羅《ビンバシャラ》」はある時、予言を受ける。「三年たつと裏山の仙人が死ぬが、その仙人は、次は王の子どもとなって生まれてくる」。それを聞いた国王は待ちきれず使者を使わし仙人を殺してしまう。

仙人は死ぬ際に「死んで、王の子として生まれかわるが、その子はいずれ王を殺すことになる」と告げる。〔お告げ〕

その夜、王妃「韋提希《イダイケ》」は妊娠し、そして彼女にも予言が下る。「男の子が生まれるがその子は将来父王を害する」。妃は夫の身を案じ、高楼から産み落とすが、子どもは死ぬことなく、手の小指を折っただけで生き延びる。「阿闍世 Ajatasatru」はサンスクリット語で、無敵の人、未生怨、折れた指を意味する。〔子殺し〕

阿闍世は何も知らずに成長するのだが、青年になったある日、釈迦の敵（堤婆達多《ダイバダッタ》）から話を聞かされる。「おまえは、父王を殺すと予言された子どもだった。父王はお前を殺そうとした。その証拠にお前の小指は折れている」。阿闍世は驚き家臣に問い質し、自らの出生を知り、誕生前に掛けられた呪いを知ることになる。〔事実を知る〕

怒りに燃えた阿闍世は父王を幽閉し食事を与えない。しかし母が密かに蜜を差し入れていたために王は衰弱しない。阿闍世は激怒し母を殺そうとするが、かろうじて思いとどまる。しかしその後、父王を殺し王位を奪う。〔親殺し〕

そののち、阿闍世は深い後悔に沈み、悩みのあまり悪瘡に激しく苦しむ。その時、母による懸命の看病を受ける。家臣から釈迦への帰依を勧められ、天からも「釈迦のところに行くように」との父の声を聴いて、釈迦を訪ね、釈迦の導きにより心が開かれ、やがて名君となる。［結末］

こうして阿闍世は、予言とともに産まれ、殺されかけ、長じて出生の呪いを知るに至り、親を殺して国王になるが、後悔を経て、結末を迎える。実はそうした展開が「エディプス物語」と重なっていた。正確には、結末のみ大きく異なっていた。古澤は「エディプス物語」と同一の物語を提示しつつ、しかしまったく異なる結末に至る道筋を示すことによって、フロイト的な「懲罰」とは異なる日本的な「赦し」を伝えようとしたことになる。

ではテーバイの王子「エディプス（オイディプス）」はどのように生を受けたのか。

エディプス物語

話の展開は、阿闍世と重なっている。

［お告げ］―国王ライオスも神託を受けていた。「生まれてくる子どもは長じて母を犯し、父を殺す」。予言を恐れたライオスは子を持つことを拒否するのだが、王妃イヨカスタは夫を酒に酔わせて誘惑し妊娠する。

［子殺し］―生まれた男児を殺すに忍びなく、息子のくるぶしを矢で射抜いて、山中に捨てさせる。従者は羊飼いに男児を手渡し、羊飼いの子どもとして育つ。「エディプス」とは「腫れた足」の意味。

［親殺し］―成長した「エディプス」は、ある時、実子ではないとの噂に、神託を受けにゆく。そこで受けた答えは、「故郷に近づくな、両親を殺すことになる」。そこで彼はそのまま旅に出るのだが、旅先

で争いに巻き込まれ、老人を（実父ライオスとは知らずに）殺してしまう。その後スフィンクスの謎を解き、その結果テーバイの王となり、テーバイの王女イオカステを（実母とは知らずに）娶り、四人の子を持つ。

［事実を知る］―ところがテーバイに不作と疫病が続き、神託を求め過去を調べるうちに、実は自分が父ライオスを殺し、母イヨカステを娶ったことを知る。知らずして神託を実現させてしまったことになる。

［結末］―「彼女が産んだその子なのか」。怒りに燃えたエディプスが母イヨカスタの部屋に入った時には、首を括った母の姿がある。エディプスは自らの眼をえぐり、王位を捨て、娘アンティゴネと共に、諸国放浪の旅に出ることになる（出典はギリシア悲劇。ソフォクレス戯曲『オイディプス王』など）。

さて、このように、阿闍世もエディプスも自らの出生を知って怒りに燃え、親を恨んだ。どちらも一度親の手に掛かって殺されかけ、その結果、二人とも身体が変形していた（エディプス＝腫れた足、阿闍世＝指折れ）。しかし結末は決定的に異なっていた。阿闍世は親と和解した。親からの愛情を受け入れ親を赦すに至った。それに対して、エディプスには赦しもなく和解もない。一度犯した罪には救いがなく、永久の罰を受けるべく歩み続けることになったのである。

子の視点、母の視点、罪の視点

こうした二つの物語は、すべての神話と同様に、多様なモチーフを含んでおり、読む視点によってそれぞれ異なる話の筋が見えてくる。阿闍世の物語に話を絞って見よう。

一、まず、この物語は、子どもの成長の物語として読むことができる。母を怨み、そして母から赦される心理的成長の物語。理想化された「母との一体感」が崩れ、それを「母の裏切り」と体験した若者が母親を恨み、しかし自己犠牲的な母によってその恨みを越えてゆく。そうした「赦し赦される体験」を古澤は「とろかし」と呼ぶ。

なお、ここで「母の看病によって救われた」という点を強調したのは小此木圭吾氏である（出典は本書一三五頁）。釈迦によって赦されるのではなく母の看病によって救われるという話の筋。息子によって殺されかけた母親が、その息子を看病する。誰ひとり近づかない汚れた病に苦しんでいた息子は、そうした母の献身的な看病によって「とろかされる」。つまり小此木氏は宗教的な色合いを消し、「母と子の二者関係の物語」に仕立て直したことになる。

＊ 父親との関係について言えば、フロイトが父親との関係を強調したのに対して、古澤は父親についてあまり言及しない。エディプスは父王ライオスを「父とは知らずに」殺したのに対して、阿闍世は「父と知って」殺した。にもかかわらず、エディプスは自ら目を潰すという仕方で罰せられ、阿闍世は亡き父から救いの手を差し伸べてもらうことになる。古澤においてはすべてを赦し暖かく見守る「母性的」な仏の懐に「父子関係」も包まれていた。

二、次に、この物語は、母親の物語として読むことができる。女性の煩悩を展開した物語。出発点は「子どもを得たい」という願望である。正確には、エディプスの母イオカステが夫を誘惑して子どもを得た話と並行するように、古澤は、阿闍世の母イダイケのエゴイズムに光を当てた物語として紹介した。

女性は子どもを得たいと思うと同時に、しかし生まれてくる子を疎ましく感じる。例えば、生まれてくる子どもによって夫の愛を失うことを恐れる（古澤はイダイケが王の寵愛を失うことを恐れた点を強調する。「夫のために」子どもを捨てるという心の動きに光を当てたことになる）。精神分析によれば、そうした母親の側の葛藤が「赤ん坊」に投影されることによって「自分を迫害する赤ん坊」のイメージが作り出される。迫害的な赤ん坊に対する神経症的な恐れ。この物語は、そうした「迫害的な赤ん坊」との葛藤を抱えた女性の自己変容の物語ということになる。

＊　この母親（イダイケ）は「凡夫（煩悩に満ちた者）」であったのか、それとも「高い修業を積んだ菩薩」であったのか。物語の結末を強調すれば、阿闍世の未生怨を「とろかす」までに自己犠牲的に献身する彼女はまさに「菩薩」である。それに対して、煩悩に満ちた一人の女性イダイケが救われてゆく物語と読むこともできるということである。

三、さらに、この物語は、罪悪感の問題として読むことができる。とりわけ「エディプス物語」と対比するとき、そこには異なる二つの「罪悪感」が浮き彫りになる。

一方のエディプス物語は「処罰恐怖」の罪悪感を語る。罪に対しては徹底した罰が下される。赦しや和解の余地はない。タブーを犯した者は決して許されることがなく、消えることのない罪悪感を背負い、外からの処罰や制裁を受けることになる。

他方、阿闍世物語は「自発的な懺悔」の罪悪感を語る。「申し訳ない」という心の内側から生じる思い。懲罰を恐れるのではない。むしろ赦される時にはじめて生じる。古澤は「とろかし」という。「罪がとろかされる」。それまで固く閉ざしていた心が、相手から赦されることによって「とろかされ」、心の底から「すまない」と感じる。そうした罪悪感である。

子どもの成長で言えば、母親への依存から離れることで初めて成長が可能になるにもかかわらず、その出来事が子どもには「母からの拒絶」と体験される。母を恨み、母を攻撃し、しかしそれでも自分を許し守ってくれる、そうした母の寛容・愛情・献身に気がつく時、実は自分がその愛情を踏みにじっていたことに気がつく。「申し訳ない」。固く閉ざしていた心が赦されることによって「とろかされる」。後悔・謝罪・反省などを含みこんだ「とろかし」の体験を通して、母親との新たな関係が成り立つ。

こうしてすべての罪悪感が溶かされ、「有り難さ」へと昇華する。古澤は「罪のとろかし」という。母は阿闍世を赦し、阿闍世も母を赦すことによって、二人ともその罪から救われる。エディプス物語と同じ状況を生きながら、エディプスとはまるで異なる結末に至る阿闍世物語は、私たちに、異なる罪悪感の姿を見せてくれたことになる。

＊　こうした二つの罪悪感は、エリクソンがマルチン・ルターについて語ったように、キリスト教における「怒る神」と「赦す神」に対応する。「いつ怒り出すかわからない父」に脅えていた少年マルチンは「怒りの神」を恐れていた。律法を通して姿を見せる神は決して罪を赦さない。ところが青年期の後半、ある日突然、「罪人のまま義と認められる」という「福音」に目覚める。功徳によって「義と成る」のではない、

神自身が痛むことによって、「罪人のまま」義と認められる。その「背理（逆説）」をそのまま受け入れることによって「赦される」。それは疑うのではなく信じること、恐れるのではなくゆだねること。それをエリクソンは「母への基本的信頼感」の回復と理解した（エリクソン『青年ルター 2』拙訳、みすず書房、二〇〇三年）。一方に、〈エディプスの「処罰恐怖」やマルチンの「怒れる神への恐れ」という、罪を赦すことのない正義の神（運命）〉の系譜があり、他方に、〈阿闍世の「自発的な懺悔」や福音に目覚めたルターの「赦す神」という、罪や汚れのまま受け入れてくれる自己犠牲的な（母性的な）神〉という系譜がある。

「自己犠牲＝とろかし」という人間観

ところで、こうした古澤の人間観に対する批判も簡単に見ておく。「自己犠牲＝とろかし」はいかなる問題を孕んでいるのか（小此木啓吾・北山修『阿闍世コンプレックス』創元社、二〇〇一年、小此木啓吾『日本人の阿闍世コンプレックス』中公文庫、一九八二年などに依る）。

まず一つ、「親の自己犠牲にとろかされる」という古澤の前提に潜む「自己犠牲的な母親像」の問題。精神分析に倣って言えば「マゾヒズム的な母親イメージ」の問題である。

実はそのイメージが古澤の治療理念と重なっているという指摘がある。古澤は自分が「赦す」ことによって患者を治療しようとした。つまり「禁欲主義的・自虐的な逆転移を介しての治療」である。「古澤＝治療者＝母親」の逆転移における自己犠牲的態度が理想化されたことになる。しかし治療者が「赦す」のか。あるいは、治療者の自己犠牲的な「愛」を精神分析関係の土台においてよいのか。

もう一つ、こうした「マゾヒズム的母親イメージ」を「日本的なマゾヒズム的対人関係」の典型と見る批判もある。マゾヒズム的（自己犠牲的）赦しに触れると、自発的な懺悔の念（罪悪感）が沸き起こる。相手が自分の身になってくれることに十分応えることができない「すまなさ」「申しわけなさ」。赦されることによって飲み込まれてしまい、赦されることによって呪縛され恩を着せられる仕方で、子分になる。こうした呪縛関係（親分－子分関係）における「赦し合い」が、実は「罪悪感に対する自己愛的防衛」になっているという批判である。

こうした批判の詳細な検討は今後の課題であるとしても、それらが、古澤の人間観に裏側から光を当てたものであることは間違いない。親の自己犠牲によって未生怨すら「とろかす」という人間観。親に対する憎しみを認め、自分を存在させたことへの恨みを認めた上で、しかし最後にはそれらすべての「憎・恨・怨」をとろかす地平を語っていたのである。

＊ なお、「とろかし」に至る前の、罪悪感をめぐる諸問題、例えば、謝罪、告白、懺悔、赦し、加害意識などに関する丁寧な現象学的考察については、名著、久重忠夫『罪悪感の現象学――「受苦の倫理学」序説』（弘文堂、一九八八年）。

本当は私が生まれてこない方がよいと思っているのか

あらためて、学生の言葉に戻る。「なぜ僕を生んだのか」と母親を困らせた報告。そして「本当は私が生まれてこない方がよいと思っているのか」という問い。一体こうした言葉はいかなる心の深みから生じてきたのか。いかなる心の位相に触れているのか。

一、これらの言葉が何らかの屈折した「違和感」の表われであることは間違いない。しかし親に対する単純な「攻撃・憎しみ」ではない。むしろ「被害者」の言葉である。自分の側が疎まれ拒絶されている。受け入れられていない。とすれば、この「違和感」は実は親たちの側の「無意識的な不満・不安」と関連している。

さらに、一方では、「本当は私が生まれてこない方がよいと思っているのか」という不安を払拭してくれる親の言葉を期待し、他方では、いくら否定されても騙されないと思っている。ということは、実は自分の側が、親を拒んでいる。受け入れることができない。

そしておそらくその根底には、自分で自分を受け入れることができないという、自らの存在に対する違和感が潜んでいる。自分で自分を赦すことができない。その複雑な屈折が「自分を存在させたことに対する」違和感として語られる。デリケートで危険なエネルギーを秘めたアンビバレント。

精神分析の教えに倣って「抑圧」というメカニズムを思い起こしてみれば、未生怨の本当の問題は「親への怨み」そのものではなく、むしろそうした「怨み」を無意識的に抑圧してしまうことであるのかもしれない。あるいは、無意識的に否認してきた「未生怨」と和解しようとする試行錯誤、もしくはそれを人生の節目ごとに繰り返してしまうという点こそが重要であるのかもしれない。

二、ところで今度はこれらの言葉を「突き付けられる」母親がいる。「なぜ僕を生んだのか」という言葉の向こう側に、一人の女性の人生がある。一人の女性が一人の男性と出会い息子を得る。その期待、不安、戸惑い。しかもその背後に、両親の思いがあり、親族の期待があり、そうした視線の集まる一点において「息子」が生まれ成長し、ある日「なぜ僕を生んだのか」という言葉を突き付けてくる（後に見るファラーチの語りの中で、私たちはあらためてこの言葉に出会うことになる、本書一九一頁以下）。

そうした言葉が切り開く母親の側の心の位相。「本当は私が生まれてこない方がよいと思っているのか」という言葉に反応し、母親の心に「この子さえいなかったら」という思いがよみがえり、その思いを固く封印してきた事実に直面することになったとしたら。そこから無数のドラマが炸裂してゆくことになる。

三、古澤の「とろかし」はそうした無数のシナリオをすべてまとめて溶かしてしまう。それに対して、エディプス物語は決して溶け去ることのない「罪」を浮き彫りに提示する。阿闍世とエディプスの二つの物語は、二通りの行く末を示し、二通りの罪悪感を提示した。「未生怨」という言葉は、そうした広がりを持った地平を提示していたことになる。

最後に、あらためて、「母親から捨てられた」というあの少女を思い出す。この少女もいつの日か、阿闍世の物語を目にすることがあるのだろうか。その時この物語をどう読むのか。拒絶するだけなのか、それとも、阿闍世の物語はこの少女の心も「とろかす」ことができるのか。

しかし「とろかす」ことができるのは「母親」だけか。例えば、祖母ではだめか。実の母親でなくても、誰か「他者」の「自己犠牲的献身」があれば、「とろかし」は成り立つのか。むろん誰でもよいというわけではないだろう。ではいかなる意味を持つ「他者」である場合、その「とろかし」は成り立つのか。あるいは、「人」でなければだめなのか。自然によって受け入れられ、動物たちを受け入れることによって受け入れられるという「とろかし」も成り立ちうるのか。そしてその先に「仏」を思い「イエス」を思う。仏の慈悲は「とろかし」である。そしてイエスの十字架は「とろかし」のための贖罪である。

＊　「仏の慈悲」と「神の愛」を共に「とろかし」と理解した場合、聖書に啓示された「神の愛」は、「イエスの十字架」という神の自己否定（自己犠牲）を強く語る。神の自己否定（ケノーシス）なしには「とろかし」は成り立たない。それに対して、仏の慈悲は、そうした自己否定を語る場合もあれば、語らない場合もある。「未生怨」と「とろかし」という視点から宗教思想を読み解く試みは、西田幾多郎「場所的論理と宗教的世界観」の詳細な読解作業を始めとして、今後の課題である。

＊　ここに至って、一人の少年の言葉を思い出す。「養護施設」で暮らす中学一年の少年の言葉。父は死に、母は失踪、就学時まで無籍であったという。

「ぼくが、このＨ園にきたのはたしか一一年前の二歳のときだ。ぼくが、ここにきた理由はぜんぜん知らないが、やっぱり父が母を捨てたのだと思う。ぼくは生れてこなかった方がよかった。／ぼくの父は、病気で死んだ。母は、ぼくを捨ててどこかに逃げた。なぜ逃げたか知らないが、捨てるぐらいなら子どもを生まない方がいい。ぼくに両親がいると知ったときうれしかったが、でもやはりここの方がいい。やはりもうここにきてから一一年になるから、ここの生活になれ、ふつうの家庭の生活が、なんだかだらしなくかんじる。／どうせならぼくは生れたくなかった。」（『大田堯自撰集成　1』藤原書店、二〇一三年、二六

五頁）

どうせならぼくは生まれたくなかった。その密やかな声を「未生怨」という言葉で一般化したいのではない。そうした声を理論の枠に回収してはいけないのだと思う。本書はこの少年に何も答えることができない。ただその声を聴く。本書のすべての考察によって器を広げ、小さな声のひとつひとつに耳を傾ける準備をする。

Ⅲ—3　被投性と偶然性
——気がついた時には、もう、いた

投げ込まれていた——ハイデガー『存在と時間』

私たちは、どういうわけか、生まれてきた。自分で選んだのではない。気がついた時には既にこうなっていた。このからだの中にいた。この家の子どもであった。そもそも存在しないこともありえたはずなのに、気がついた時には、既にこの自分として、生きていた。

そうした原事実を「投げ込まれている」と表現したのはハイデガー『存在と時間』である。「被投性 Geworfenheit」。自分から来たのではない、気がついた時には、既に投げ込まれていた（M. Heidegger, *Sein und Zeit*, 1927, Max Niemeyer, 1972, 以下 *SuZ* と略）。

しかし『存在と時間』はこの「被投性」を「誕生」の問題としては展開しなかった。「死」を中心課題としたこの未完の大作は、「誕生」の問題を十分に位置づけることがなく、そこで語られた「現存在」は、あくまで「死すべき者（終わりへと向かう存在）」であり、「生まれてくる者」ではなかった。

＊『存在と時間』に登場する「誕生」という言葉は「死」という〈終わり〉と対になる「もう一方の〈終わり〉das andere »Ende«」である。「新たな始まり」ではない。確かに「事実的現存在は誕生的に実存している Das faktische Dasein existiert gebürtig」と語られるのだが、その「誕生的な実存」の特殊な性格については十分に展開されなかった（*SuZ*, S.374）。この点に「基礎的存在論の行き詰まりの一因」を見てとり、それを『存在と時間』そのものの成否に関わる問題として論じてみせたのが、森一郎『死と誕生——ハイデガー、九鬼周造、アーレント』（東京大学出版会、二〇〇八年）である（以下 森 と略）。本節の考察は同書に多くを負う。

存在しないこともありうる（非存在の可能性）

『存在と時間』の翌年（フライブルク大学に移籍初年）の講義『哲学入門』は、まさにこの問題を扱っていた。なぜ『存在と時間』では「死」ばかりを論じ「誕生」を論じなかったのか。それは、誕生と死とを同一の問題設定において論じることができないためである（『哲学入門』、『ハイデッガー全集 第27巻』茅野良男・ヘルムート・グロス訳、創文社、二〇〇二年、*Einleitung in die Philosophie*, Vorlesung Wintersemester, 1928/29, 以下 *EPh* と略）。

「誕生へと向かうためには、私たちは必然的に、遡行する必要がある。しかしそれは単なる、死への存在の反転ではない」（一二五頁、*EPh*, S.124）。

誕生へと向かう「遡行 in einem Rücklauf」は、死へと向かう先駆の反転ではない。誕生へと向かう存在の仕方は、死へと向かう存在の仕方とは異なっている。

講義の後半では「おのれの由来に遡ってゆく」とも言う。しかし自らの由来を問うても何も見出すことができない。あるいは、その由来を知ったところで「自分がここにいるという事実」を基礎づけることにはならない。誰も自らの決断によって生まれてきたわけではない。そのことをハイデガーは「存在しないこともありえる」と言う。

> 一、いかなる現存在も、自らの決心や決意に基づいて、実存し始めるわけではない。二、いかなる現存在も、実存している時、自分が必然的に実存しなければならないとも、自分が実存しないことはありえなかったとも、洞察できるわけではない。むしろ、あらゆる現存在は、存在しないこともありうる。（三二八頁、*EPh*, S.331）

人は誰も、「自分が必然的に実存しなければならない」と言うことはできないし、「自分が実存しないことはありえない」とも言うこともできない。「むしろ人は存在しないこともありうる Vielmehr kann jedes Dasein auch nicht sein」。その事実をハイデガーは一語にして「存在しないこともありうること das Nichtseinkönnen」という。「非存在の可能性」。

ハイデガーはこの「ない nicht」が現存在の本質に属しているという。「ない」ということは、現存在の外側からやってくるのではなくて、そもそも現存在を構成する在り方（実存の本質的な力）である。「存在しないこともありうる」に注目することは、現存在の中に潜む「鋭さ die Schärfe」に光を当てることであるともいう。

森氏はこの「鋭さ」を「与えられた事実としての実存の没根拠性、すなわち生まれてきたことの偶然性を意味している」と読む（森、九六頁）。私たちの存在（私たちが生まれてきたこと）には根拠がない。偶然である。その事実をハイデガーは、今まさに生きているということの中に「存在しないことがありうる」と理解した。「死への先駆」において今まさに「存在しないことがありうる」と同時に、実は「始まりへの遡行」においても「存在しないことがありうる」。

しかしそう考えてみれば、「死への先駆」は、実は理解しやすかったことになる。人はいつ死ぬかわからず、いつ存在しなくなるかわからない。ということは、常に「存在しないことがありうる」。私たちは常に「非存在の可能性 das Nichtseinkönnen」を生きている。

では「始まりへの遡行」における「非存在の可能性（存在しないことがありうる）」とはどういうことなのか。自分がそもそも存在しないこともありえたということ。

九鬼周造はこの「非存在の可能性」を「偶然」と呼ぶ。「あることもでき、ないこともできる」。ハイデガーから直接学んだ九鬼は（おそらくテクスト『存在と時間』では語られなかった地平について直接耳にすることによって）、「非存在の可能性」を「偶然」の問題として立て直した。「偶然は無の可能を意味する」。あるいは、「偶然においては無が深く有を侵している」（『九鬼周造全集 第二巻』岩波書店、二四七、二四九頁)。

「根底をなす気まぐれなばらまき」——出生の偶然

しかしもうしばらくハイデガーの話を聞く。ハイデガーは「出生の偶然」をいかなる言葉で理解していたのか。「根底をなす気まぐれなばらまき ursprüngliche Streuung」という言葉である。邦訳書が「根源的な分散」と訳し(『ハイデッガー全集 第27巻』)、森氏が「根源的ばらつき」と訳したこの言葉は(森、九八頁以下)、そのコンテクストの中で理解すれば、私たちの実存の出発点における根源的な「分岐点」を言い当てている。男か女か、背が高いか低いかなどの具体的な特性(個別性)ではなくて、さらにその根底をなす「気まぐれなばらまき」。そもそも生まれてきたということ。そのこと自体を「ばらまかれた 気まぐれにまき散らされた」と理解しているのである。

＊ 動詞 streuen は「振り撒く、散布する、まき散らす」。「漏れた電流 Streustrom」、「ふりかけに用いる白砂糖 Streuzucker」などと使われるこの言葉は、意図的に一点に集中することとはまったく逆に、気まぐれにまき散らすことを意味する。『哲学入門』の用語法では、この「根底をなす気まぐれなばらまき」は、「被投性 Geworfenheit」と「事実的散らばり Zerstreuung」の中間に位置する。「事実的散らばり Zerstreuung」が一人一人の個別性を形作る具体的な特性(男か女か、背が高いか低いか、どの民族に属するか)であるのに対して、「根底をなす気まぐれなばらまき」は、そもそも生まれてくるかこないか、その分岐点における偶然を指す。

他方、「被投性」という人間存在の一般性格との関係も語られる。すべての人は「世界の内にすでに投げ入れられている」。誰もその事実を免れることはできない。ということは、「被投性」はとりたてて誕生の出来事を言い当てた言葉ではなく、むしろ私たちの日々の暮らしがすべてこの「被投性」に彩られている。それに対して、特に誕生という出来事における「被投性」が、この「根底をなす気まぐればらまき」である。

現存在に本質的に含まれる「根源的な非力さ」。自分ではどうすることもできない初期条件。そもそも存在しないこともありえた、にもかかわらず、生まれてきた。そうした「実存の原初根拠」、より正確には「根拠がないという根拠」が、この「根底をなす気まぐればらまき」という言葉によって語られていた。

そして、まさにその「気まぐればらまき」という事態を、九鬼は「偶然」という言葉で論じ直したことになる。

九鬼周造「偶然性」

気がついた時には、もう、いた。そもそも生まれないこともありえたが、たまたま生まれてきた。別の時代に産まれることもありえたはずなのだが、なぜか、気がついた時には、このからだの中にいた。

そうした原事実を九鬼は「偶然性」の問題として設定し直す。そして偶然を多様な角度から検討しながら、「出生の偶然」という問題にとって重要なのは、「あることもでき、ないこともできる」という意味における偶然であるという。九鬼の用語では「離接《りせつ》的偶然」（『偶然性の問題』、『九鬼周造全集 第二巻』）。Aでも Bでもありえたのに、たまたまCである。たまたまCであるとは、たくさんある可能性の中の一つの選択肢にすぎないと同時に、Cであることに何の根拠もないということ。あるいは、Cであることに何らかの理由があるとすれば、同じ資格で、Aである理由も存在し、Bである理由も存在する。特権的にCでなければならないという理由はどこにもない。したがって、「あることもでき、ないこともできる」。九鬼は「無いことの出来るもの」と言う（同書、一五三頁）。私たちの「出生」は「無いことが可能である」という意味において「偶然」である。のみならず、今まさに生きていることの中に「無いことの可能」が含まれているという意味において、人生は「偶然」である。そうでなかったこともありえるのに、たまたま現にそうなっている。

＊『偶然性の問題』は、「偶然性」を、「定言的偶然」「仮説的偶然」「離接的偶然」という三つの地平に区分する。その詳細な検討は別の機会に譲るとして、九鬼の他の文章を重ね合わせると、「偶然」にはおよそ三つの場面がある。一、「稀《まれ》」である、「例外的である（一般的ではない）」という意味の偶然。二、「出会い（一つの系列と他の系列との邂逅）」という意味の偶然。三、「無いことの可能（あることもできるし、ないこともできる）」という意味の偶然。出生の偶然は、「三、無いことの可能」として、「自分がいることもできたし、いないこともできた」という意味で、存在することに何らの必然性もないという点で理解される場合と、「二、出会い」の意味で、父という人の人生と母という人の人生が、たまさかめぐり合ったという点で理解される場合がある。そして戦乱や難病など、困難な状況においては、それらの偶然が

「例外」として強く意識される。

偶然を運命とする

気がついた時には、もう、いた。たまたま現にこうなっている。ハイデガーに学んだ九鬼は「被投性」という言葉を使いながら、繰り返しその位相に立ち返る。しかしそのまま受け入れたわけではない。むしろそうした誕生の根拠のなさを自ら引き受け直そうとする。いわれなき始まりの偶然を引き受け、「偶然を運命とする」ことを課題とする。むろん「課題」としたのであって、その実現を保証したわけではないのだが、しかし九鬼は（美的探求者という大方の印象を超えて）実践的・倫理的な次元に踏み入り、偶然を「自分の運命とする」という課題を引き受けていた。

手がかりはこの場合もハイデガーの言葉「先駆的決意性（覚悟性）voräufende Entschlossenheit」である。自らの死を自覚し、あらためて生の意味を問い直し、未来の可能性に向けて自らを「企投する（投企する）entwerfen」。世界の中に「投げ出されている」という事実を引き受けて、自らの決意によって、その事実を生きる。九鬼はその思想を引き継ぎながら、『偶然性の問題』「結論」の最終盤において、「偶然性に永遠の運命の意味を付与する」という語り方をする。

> 無をうちに蔵して滅亡の運命を有する偶然性に永遠の運命の意味を付与するには、未来によって瞬間を生かしむるよりほかはない。未来的なる可能性によって現在的なる偶然性の意味を奔騰させるよりほかはない。（同書、二六〇頁）

偶然性は「無」を含む。滅亡の運命を持つ。その偶然性に「永遠の運命の意味」を付与するとは、偶然を運命として引き受けるということである。そのためには、偶然を偶然のまま、生かしておくしかない。しかも「未来によって」である。「未来的なる可能性」によって、現在の偶然を、偶然の性格のまま、活性化させる。それが偶然を自らの運命として引き受けることになるというのである。

論点は二つ。「未来によって」という点と、「運命」の理解についてである。

まず「未来によって」という点。九鬼は「与えられた偶然を未来の可能性に向けて投企する」ともいう。それは単なる目標設定とは違う。目標を設定しその実現を期待する場合、「期待」はその可能性の実現によって終了する。それに対して、「未来の可能性に向けて投企する」場合、実現されて終了することが目的ではない。むしろ、その可能性に向けて「投企する」ことによって、現在を活性化しようとする。

それが「奔騰させる」という動詞で語られる。「未来的なる可能性によって現在的なる偶然性の意味を奔騰させる」。目標に縛られて偶然性を塗りつぶしてしまうのではない。偶然に身を曝したまま、固定されずに、その都度その時その場に応じて、変わってゆく。正確には、単に受身的に身を曝すのではない、むしろ自ら進んで身を投げ出すように「未来によって瞬間を生かしむる」。「投企する」とは「そのつど投企し続ける」こと、あるいは、可能性をはぐくむ（「未来的なる可能性をはぐくむ」）ということである。

もう一点、「運命」の理解について。まず九鬼の理解は以下のような理解とは違う。……神の意図は人間の地平では理解されないが神においては「必然（目的的必然）」である。あるいは、人間から見れば単なる偶然に過ぎないが神から見れば合目的な必然である……。そうした理解とは違って、九鬼の言う「運命（「勝義の運命」）」は自ら選び取った必然を意味する。偶然を「自らの意志によって選択した可能性」として受け取り、自らの必然として未来に向かって投げ企てる。

重要なのはこの文脈で九鬼が「意志」という言葉を使っている点である。自らの意志に基づいた実践によって、その都度、偶然を必然化してゆく。運命は「ある（あらかじめ固定して存在している）」のではない。その都度、運命としてゆく、運命として創り出してゆく。

九鬼は、「意志が救いをもたらす」というツァラツストラの言葉を引きながら、「意志が引き返して意志する」という面白い表現をする。受け入れがたい運命がある。にもかかわらず、その運命を「自ら欲する」という形で、引き受ける。意志しないこともできたのだが、しかし「引き返して」、意志する。自らの運命として引き受ける。そうした意志が救いをもたらす。「「意志が引き返して意志する」ということが自らを救う道である」（『九鬼周造全集　第五巻』岩波書店、三四頁）。

意志が人を運命から救い出す。ニーチェの「運命愛 amor fati」と同様に、いかに絶望的な状況にあっても、それをあたかも自ら自由に意志したかの如くに受け取り直してしまう。九鬼はそれを願いつつ、「自分の運命を心から愛することによって、潑剌《はつらつ》たる運命を自分のものとして新たに造り出して行くことさえもできる」と言うのである（同書、三五頁）。

自己自身に自己自身を交付する

それにしても、偶然を「受け取り直す（引き受ける）」とはどういうことか。自分の運命として未来に「投企する」とはどういうことなのか。偶然が「必然化する」ことを期待するのか。それとも未来から自己に向かってくる可能性を「必然性」と受け取るのか。そのように理解された可能性に向かって自己を投げ出すということなのか。

九鬼は、ある箇所で、この「投企する」という動詞の代わりに「自己自身に自己自身を交付する」という奇妙な表現を書き残している（『偶然性の問題』第三章・一二「偶然と運命」）。

譲り受けながら選択した可能性において、自己自身に自己自身を交付する。（『九鬼周造全集　第二巻』二三四頁）

与えられた偶然を、自ら選択した可能性として、未来に向かって投げ企てる。そう理解されるこの文章において、一体、「自分自身を交付する」とはどういうことなのか。

続けてこうも語る。「運命は自己交付的決意性の超力 Übermacht と無力 Ohnmacht との結合にある。開示された状況の偶然性に直面して情熱的に自己を交付する無力な超力が運命の場所である」。

自己を「交付する」ことは「無力な超力（無力と超力の結合）」である。しかしまさにそのように「交付する」行為が「運命の場所」である。

では一体「交付する」とはどういうことなのか。どうやら九鬼はフランス語の動詞 délivrer を念頭に置いているようである。「証明書などを交付する、引き渡す」を意味するこの動詞は、同時に「解放する、解き放つ、取り除く」の意味も持つ。とすれば、自分自身に対して、自らを、解き放つ。「選択した可能性」に自らを縛り付けるのではない。押し付けるのでもない。解き放つという仕方で引き渡す。その計画に向かって自らを縛り付けるのではなく、むしろ、自らを解き放つ。それが「自己自身に自己自身を交付する」と表現されていたと考えられるのである。

＊　森氏は「被投性」の原事実を真ん中にして、九鬼が「無いことの可能」を強調したのに対して、アレントは「始める力能」を強調したと語る。その構図に同意しつつも、しかし九鬼が単に「偶然」の前に佇んでいたわけではなかった点は確認したい。確かにこれから見るアレントほど積極的に「新しく始めること」を強調したわけではなく、「自己自身に自己自身を交付する」という奇妙な言い回しではあるのだが、しかし間違いなく九鬼も「新しく始める（自ら引き受け、自ら意志する）」という実践的・倫理的課題を引き受けていた（九鬼の倫理性については、古川雄嗣『偶然と運命――九鬼周造の倫理学』ナカニシヤ出版、二〇一五年、参照）。なお、アレントとの対比で言えば、九鬼の考察には「複数の他者の共同作業」という点が弱い。自分では自分を産むことができない。他者によって産んでもらう（生を与えられる）しかない。自分自身の与り知らぬところでなされた共同作業によって産み出されるしかないという問題については、次節で見ることになる（一五八頁以下）。

原事実と、それへの関わり方

私たちは、どういうわけか、生まれてきた。何の根拠もなく生まれてきた。そして気がついた時には、既に、いた。この自分として生きていた。気ままに「ばらまかれた」だけの偶然。「存在しないこともありえた（非存在の可能性）」。私たちは、今その地平に立っている。

しかし本当に単なる偶然にすぎないのか。実は自ら選んでやってきたのではないか。本節はそう問い返すことはない。気がついた時、たまたま、こうなっていたという、その点に立ち止まる。そしてその事実といかに向き合うか、その関わり方を見ようとした。

むろん、未生怨を踏まえてのことである。私を存在させたことへの恨み。なぜ私を生んだのか。しかしすべての人がそう考えるわけではない。すべての人が、生まれていたという原事実に「憎・恨・怨」を持つわけではない。むしろ生まれてきた喜びがあり、存在することへの感謝がある。

私たちは次節でそうした「感謝」を聴くことになる。

Ⅲ―4　出生性

――始まりと感謝

出生性――ハンナ・アレント

ギリシア以来の哲学の歴史の中に「誕生」の問題はほとんど登場しない。死に関する膨大な思索と比べたら誕生の思索は皆無に等しい。アレントを論じる人たちはそう語るのだが、それは哲学の話であって、人類の精神史の中では誕生が様々な形で語られてきたことは本書の中でもいくつか見る通りである。

しかし「誕生」の問題を哲学的な考察の対象として正面に据えたのは、やはりハンナ・アレントである。その考察は、一方で「アルケー（始まり・始源）の問い」と重なり、他方で「ヘブライズム」と重なり、しかし同時に人間の行為を「新しく始めること」と捉える政治哲学へと展開している。

その中心概念は natality。「出生性」という訳語で定着したこの言葉は、単なる「誕生」でも「出生」でもない。むしろこの言葉には「人間の自由」という特別な意味合いが込められている。アレントによれば、出生という出来事こそ、人間の自由を証明する。一人の赤ん坊が「この世界に生まれてくる」、その小さな出来事が人間の活動の自由を証明する。一人の子どもが生まれるたびに、私たちは、その自由を再確認することになる。つまり私たち人間が、何かを新しく始める自由の根拠を、アレントは「誕生」という出来事に求めたということである。

＊「出生性」については、前掲書、森一郎『死と誕生——ハイデガー・九鬼周造・アーレント』、森川輝一『〈始まり〉のアーレント——「出生」の思想の誕生』（岩波書店、二〇一〇年）、小玉重夫『難民と市民の間で——ハンナ・アレント「人間の条件」を読み直す』（現代書館、二〇一三年）など。

しかし本当に「誕生」は「新しく始めること」なのか。私たちは気がついた時には「投げ込まれていた」のではなかったか。『存在と時間』の言葉で言えば「被投性」の出来事。その出来事をアレントは逆に、「企投性」と読み直したことになる。「投げ込まれた」のではない。新しく始まる。「産み落とされた」のではない。状況に導かれる仕方で新しい何かを始める。アレントは「出生性」という言葉によってそうした「企投性」に光を当てたことになる。

あるいは、ハイデガーが私たち人間を「終わりへの存在 Sein zum Ende」と規定したのに対して、アレントは「始まりへの存在 Sein zum Anfang」と規定した。「生まれてくる可能性」を「新しく始める可能性」と理解し、人間は常にその可能性を内に含んで存在していると言う。つまり、常に新しいことを巻き起こす可能性を秘めた存在。波乱含みの未来を突発させることへと不断にさしかけられた存在。そうした人間の在り方をアレントは「出生性」と呼ぶ（前掲書、森『死と誕生』、一八頁、三〇六頁）。

＊「始まりへの存在」という規定は、『存在と時間』とは異なるより困難な時間性の議論を要請する。すな

わち、「終わりへの先駆」ではなく「始まりへの遡行」。より正確には、「終わりへと向かう先駆」からではなく「始まりへと向かう遡行」から発する「根源的な時間性の時熟」の問題。しかも、ややこしいことに、遡行的反復は過去を現在化するだけではなく、さらに未来へと投げ渡す。受け継がれてきた伝統を引き取り（招き寄せ）、さらに将来の世代へと手渡してゆく。むろん単なる繰り返しではない。「新しいことが始まる」という出来事が新たに生じてゆく。しかしまったくゼロから任意に開始されるのではない。受け継ぐことから開始する。その意味において、遡行が先駆に先立つ。人間存在の「先駆」は「始まりへと向かう遡行」に基礎を持つことになる。

新しく始めること

では一体「新しく始める」とはどういうことか。アレントのテクストを見る。よく知られた『人間の条件』第五章の冒頭部分（志水速雄訳、ちくま学芸文庫、一九九四年、二八八―二八九頁、H. Arendt, *The Human Condition*, University of Chicago Press, 1958, sec24, p.177, 以下 *HC* と略）、言葉と行為の重要性が語られる場面である。

新生児は世界に参加しようとする。参加を強制されるのではない。自ら仲間に加わろうとする。言葉と行為によって、自分自身を人間世界の中に挿入しようとする。

その衝動 impulse は、私たちの誕生と共に世界の中に入り込んだ〈始めること the beginning〉に由来する。そして私たちは、その〈始めること〉に対して、自らイニシアチィヴをもって、何か新しく始めること

によって、応答する。（二八八頁、*HC*, p.177）

アレントによれば、この世界に参加しようとする衝動は、私たちの出生の事実に由来する。「出生した」ということは「何か新しいことを始める」ということである。誕生することが「新しいことを始める者となること」であったから「活動」へと促される。誕生は単なる「始まり」ではない。ましてアレントの用語「beginners」は「初心者」ではない。そうではなくて、「そのつど新たに始める者となること」なのである。

そしてこの「始めること」の本質を「驚くべき意外性 startling unexpectedness」という。「以前に起こったことからは想像されないことの開始が、始めること the beginning の本質である」。予測しえないこと。それが「新しいこと the new」である。したがって人々の目には奇跡と映る。

人間が活動することができる事実は、人間は期待できないことも期待できるということ、ほとんど不可能なことも成しうるということを意味する。それが可能であるのは、この場合も、すべての人がユニークであり、したがって、個々の人間が誕生するごとに、何か新しいユニークなものが、世界にやってくるためである。（二八九頁、*HC*, p.178）

この「活動すること action」という言葉には特別な意味が込められている。期待できないことも期待でき（the unexpected can be expected）、不可能なことも成しうる。なぜなら、「活動」とは「新しく始めること」であり、「新しく始めること」にはこれまでの常識では予測できないことも含まれているから。そしてそうしたことが可能であるのは、そもそも人が誕生したという出来事が「新しく始めること」であったためである。つまり一人の赤ん坊が誕生するとは、これまでになかった何かまったく新しいユニークなものが世界に来るということ、あるいは、誕生するとはその後の人生を通じてそのつど「新しく始め続けてゆく」ことの開始である。人はこの世に誕生した時から常に既に「新しく始める」仕方で存在しているということなのである。

「誕生という出来事が生じるたびに、新しい始まりが世界に生まれ、新たな世界がやってくる可能性が生じる。With each new birth, a new beginning is born into the world, a new world has potentially come into being.」（*The Origins of Totalitarianism*, 1973, p.465. イデオロギーとテロルを主題とした論文の中に突然姿を見せる、この隠れた真珠のような一文については、前掲書、森川『〈始まり〉のアーレント』三〇〇頁参照）。

誕生こそ、人間が自由であることを証明する。そして誕生こそが、世界を更新する。つまり、「出生性」という言葉は「形而上学的思考から区別された政治的思考の中心カテゴリー」であり（*HC*, p.9）、アレントの思想の中では、政治哲学のための基礎作業として位置づけられていた。したがってアレントの議論に即するならば話はここから政治哲学の方向に向かうべきなのだが、本書の問題はあくまで「誕生」である。

政治哲学にとっては出発点にすぎない「誕生」という出来事。その出来事についてアレントは何を語ったのか。手がかりは二つの言葉である。「複数性」と「感謝」。

複数性――共同作業と自発性

まず、出生性は「複数性 plurality」によって条件づけられている。出生は一人では開始されない。人は自分だけで生まれてくることはできない。

アレントはこの複数性を「人間の活動一般」の特性と見る。一人では生まれてくることができないのと同様、人は一人では活動を開始することができない。人は一人では「新しく始めること」ができない。しかも複数の人間が共同すると異なる意見が対立し、思いがけない展開が生じ、ますます予測が困難になる。だからこそ個人の活動より優れた結果をもたらすという可能性も含めて、「新しく始めること」はその複数性によって、ますます見通しが立ちにくい。

一度そのように理解した上で、あらためて「誕生における複数性」を考えてみる。確かに誕生も共同作業によって開始される。しかし誕生の場合、赤ん坊は、その共同作業に参加しているわけではない。少なくともその開始時点においては参加していない。むしろ赤ん坊はその複数性に遅れて参加した。「気がついた時」には既に始まっていた。では赤ん坊は（人は）、どのような意味において、出生性に含まれる複数性に関与していることになるのか。

問題は「自発的に始める自由」である。赤ん坊は、単に「投げ込まれた」だけではなく、自発的に「新しく始める」自由を持っていたのか。誕生という出来事の最初から自発的に活動したと言えるのか。アレントは「自発的に参加した」と言う。

しかしアレントはその「自発性」の中身を問い直す。自発性とは、単独の主体が周囲を無視して身勝手に動くことではない。むしろ人間の自発性は、複数性という制約の中でこそ発揮される。例えば、誕生という出来事における父と母（一人の男と一人の女）の「自発性」を考えてみた場合、たとえその二人が同じ願いをもって誕生を望んだとしても、そこには多くの予期せぬ事態が含まれている。まして「新しく始める」存在を産む。ということは、自分たちの意図とは異なる活動を始める存在を産む、あるいはむしろ自分たちの自発性を制約する可能性を含んだ存在を開始させる。

人は自分だけで生まれてくることはできない。同様に人は自分だけで活動し始めることはできない。出生は一人では開始されない。同様に一人で自発的な活動を開始することはできない。複数性の中で「新たに始めること」。それが人間の自発性なのである。「出生性」における「自発性」は特殊ではない。人間の活動の典型である。

面白いことにアレントはこの文脈において「愛」を語る。愛は二人を結びつけると共に隔てる。なぜなら愛は子どもを生み、子どもは二人を隔てるから。子どもは世界を代表する。新しい世界が入り込んでくるという意味において、二人の愛は、三者の関係に変貌する。異なる共生の様式へと転換されなければならないというのである。

まさに「政治的思考の中心カテゴリーとしての出生性」である。アレントによれば、子どもの誕生こそが「政治的なもの」の始まりである。二者ではなく三者による新たな関係の始まり。「新たにやってきた者」を迎え入れるだけではない、むしろその子どもの自由を育むこと、ということは、自分たちの「自発性」を制約する可能性を育んでゆくということである。

感謝――いのちを与えられたことへの感謝

もう一つ、アレントの「出生性」において重要なのは「感謝」である。「いのちを与えられたことへの感謝」。例えば、『アウグスティヌスにおける愛の概念』の英訳草稿。

意識を持ち想起する存在として人間を規定する決定的事実は、誕生もしくは「出生性」である。すなわち、われわれは誕生を通じてこの世界へやってきた、という事実である。欲求する存在として人間を規定する決定的事実は、死もしくは可死性であった。これは、われわれは死においてこの世界から去っていくという事実である。死への恐れと、生の不完全性が、欲求の原動力であった。これに対し、そもそもいのちを与えられたということに対する感謝が、想起の原動力なのである。なぜなら、たとえ悲惨であろうと、いのちは大切にされるからである。

(*Love and Saint Augustine*, 1996, 前掲書、森川『〈始まり〉のアーレント』三一五頁)

誕生への感謝、すなわち「そもそもいのちを与えられたということに対する感謝」。しかしなぜ感謝なのか。

続く文章は確かに「なぜなら……」と語るのだが、しかしそれで納得できるだろうか。「なぜなら、たとえ悲惨であろうと、いのちは大切にされるからである」。

ここでこうしたアレントの発想が「起源」の問いと重なり「神の創造」との緊張関係の中で生じてきたことを思い出す。彼女は「自己の起源」を神に求めない。神による創造の出来事と比べたらあまりに平凡な「赤ん坊の誕生」という出来事の中に「起源」を求めた。あるいは、一人の子どもが誕生するということのうちに「神が人類を創造した意味」を見た。「子どもの誕生」はそのつど「人類が創造された意味」を開示する。「個人が創造された（誕生した）理由」と「人類が創造された理由」は同じである。その地平において「いのちを与えられたことへの感謝」が語られていたことになる。

＊ラビンドラナート・タゴールの言葉を思い出す。「すべての赤ちゃんは、神がまだ人間に絶望してはいない、というメッセージを持って生まれてくる。Every child comes with the message that God is not yet discouraged of man.」（R. Tagore, *Stray Birds*, New York: The Macmillan Company, 1916.『迷える小鳥』山室静訳＝弥生書房、藤原定訳＝第三文明社、宮本正清訳＝アポロン社を参考にした。ドイツ語訳は明快である。Jedes Kind bringt die Botschaft, dass Gott die Lust am Menschen noch nicht verloren hat.（Rabindranath Tagore, *Gesammelte Werke, Bd.8*, Lebensweisheit, 1921, S.328）。

しかしその上でなお、なぜ感謝なのか。なぜ感謝が無条件の前提になるのか。アレントは「いのちを与えられたこと」に感謝できない叫びを聞いたことがなかったのか。「未生怨」の叫びを耳にしたことがなかったのか。

未生怨と感謝

阿闍世もエディプスも自らの出生に感謝することはなかった。むしろ出生の秘密を知って怒りに燃え、

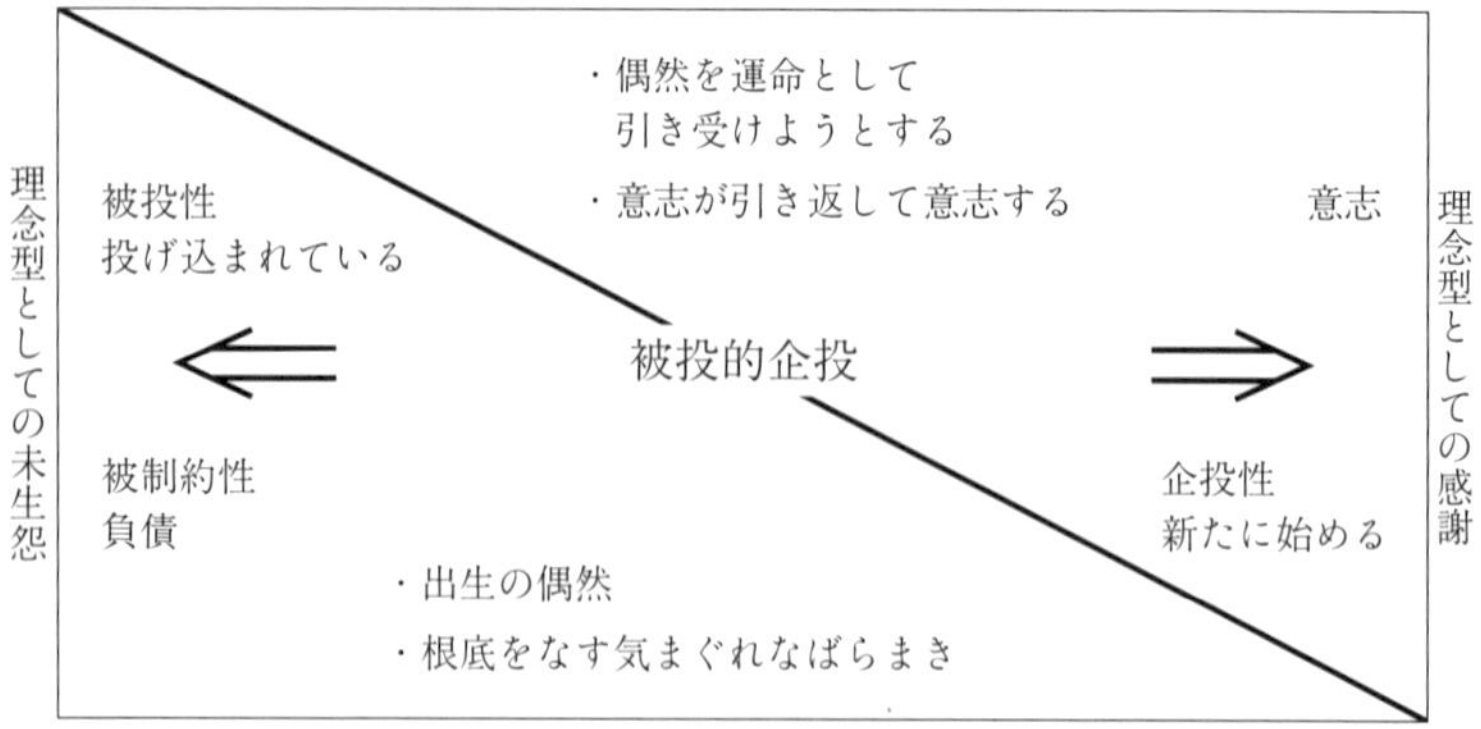

「自らを存在させたこと」を恨んだ。ところがアレントは「感謝」と言う。出生は感謝と結びついていると言う。「そもそもいのちを与えられたということに対する感謝」。この違いをどう理解したらよいのか。

多様な情念に彩られた錯綜する事態を少しばかり整理してみるために一度、理念型として、〈未生怨〉と〈感謝〉という言葉を対極に配置したモデルを設定してみる。〈未生怨〉は自らの出生を恨む。出生は背負わねばならない負債。好むと好まざるとにかかわらず逃れることのできない重荷である。ハイデガーの言う「被投性」。〈未生怨〉は出生という出来事を「投げ込まれたこと」、「被制約性」と見る。

他方、〈感謝〉は出生を「開始」と見る。新しい何かが始まること。これまでとは異なる、予測もできなかったことが開始される。ハイデガーでいえば「企投性」。〈感謝〉は、出生を「自由」と見る。

そうした両極モデルの中に様々な見解がグラデーションをなして配置される。例えば、ハイデガーは「投げ込まれている」と語った。気がついた時には、既にこの世界の中に投げ込まれていた。そもそも存在しないこともありえたのに、生まれてきた。生まれてきたことに何の根拠もない。しかしハイデガーは「恨む」とは語らない。そうした事実を「根底をなす気まぐれなばらまき」と確認するだけである（本書一四四頁以下）。

九鬼はその事実を「偶然」と呼んだ。「あることもでき、ないこともできる」。生まれてこないこともありえたのに、なぜか生まれてきた。何の根拠もなくたまたま（偶然に）生まれてきた。九鬼もその事実を「恨む」とは言わない。むしろハイデガーとは違ってその事実を「引き受ける」という。理由もなく投げ込まれたその偶然を、自分の運命として受け止め直す。受け止めないこともできるのだが、しかし「意志が戻ってきて」、あらためて自分の運命として引き受け、自分の運命として将来に投げ企てる。それを課題とした。

アレントの語る〈感謝〉は、九鬼の語るこの「運命として受け取る」ことに近い。しかしアレントにとって出発点である「感謝」が、九鬼にとっては目指すべき到達点であった。九鬼が苦闘の末に辿り着くべきであるとした理念上の課題を、アレントは話の前提にする。より正確には、アレントは「運命として受け取る」苦悩など語ることもなく、「いのちを与えられることは感謝される」という地点から話を始めるのである。

その意味においてアレントの話には阿闍世の登場する余地がない。エディプスの出る幕もない。出生を受け入れることができず、運命として引き受けることもできず、まして感謝などできない、「どうしても受け入れることのできない現実」を抱えた叫びが、アレントの地平には見えない。

九鬼はその叫びに寄り添う。いわれなき始まりの偶然を引き受けるという。そして偶然を引き受け、

「偶然を運命にする」ことを課題にせよという。受け入れることのできない偶然を「意志が引き返して意志する」、それによって自らの運命として引き受ける、あるいは、引き受けるしかない、それが「自分を救う道である」と言うのである。

ハイデガーは阿闍世たちの叫びを当然のこととして聞く。ハイデガー自身は叫ぶことも恨むことも感謝することもないまま、しかし阿闍世たちの地平を見つめ続ける。すべての人は「世界の内にすでに投げ入れられている」。誰もその事実を免れることはできない。それは出生の偶然に由来する人間の条件である。

しかし同時にハイデガーは「企投性」を語った。正確には「被投的企投 geworfener Entwurf」（*SuZ*, S.148）。投げ込まれている、にもかかわらず、それを引き受け、自ら未来に向けて投げ企てる。「企投性」は制約を受けているのだが、その制約を初期条件として、あるいは、あたかも自ら欲した条件として引き受け、未来に向けて投げ企てる。その「投げ企て」の苦渋する葛藤を、九鬼は「意志が引き返して意志する」と語り、他方、アレントはその「投げ企て」を「新しく始めること」と読むことによって、そこに人間の自由を見たことになる。

いつの間にか生まれていた

誕生は喜びである。しかし制約である。どちらか一方ではない。常に両者が同居する。しかも単なる共存ではなくて、互いが互いを否定する仕方で、その人なりの色合いを創り出してゆく。

そう理解した上で、しかし、怨むのでもなく、感謝するのでもなく、ただ受け取るということもあるのではないか。いつの間にか生まれている。いつの間にか死んでいる。いつの間にか運ばれている。ハイデガーに学んだ特異な思想家オスカー・ベッカーは、そうした在り方を「Getragenheit」と呼んだ（ベッカー『美のはかなさと芸術家の冒険性』久野昭訳、理想社、一九六四年、O. Becker, *Von der Hinfälligkeit des Schönen und der Abenteuerlichkeit des Künstlers*: in; Jahrbuch für Philosophie und Phänomenologische Forschung, Festschrift, Edmund Husserl zum 70. Geburtstag Gewidmet, 1929）。

文字通りには「運ばれてある」こと。決心して開始するのではない。流れの中であたかも「運ばれる」ように体験される。意図的・作為的な行為ではない、あたかも漂流 Schweben するかのように、時間の上を運ばれて生きる。覚悟を決めて自らの意志で開始する在り方に対して、流れの中で運ばれる舞を舞うような（気がついたら始まっていたかのような）在り方（動詞 Schweben は、「宙に浮かんでいる、宙ぶらりんである、フワフワ漂う、迷っている、未決定である、滑るように飛ぶ、ある状態にさらされている」）。

むろん正確には、この「運ばれるような在り方」は特殊な二重性において理解されるべきである。「決意しながら運ばれている存在であり、未来を企てながらすでに漂っている存在であり、言い換えれば、意識的にめざめながら運命に身をゆだねている存在」（山崎正和『演技する精神』中央公論社、一九八三年、二一四頁）。単に「運ばれている」だけではない。決意しながら漂っており、自ら企てながらしかし既に流れの中を滑るように進んでいる。つまりハイデガーの言う「被投的企投」の二つのベクトルが絡み合い、分かちがたく関連し合った二重性ということになる。

＊　九鬼も「形而上学的時間」を論じる中で、このGetragenheitに触れ、「永遠の現在」と呼んでいる。そしてハイデガーの「時間の脱自構造」が「水平的エクスタシス」であるのに対して、このGetragenheitは「垂直的エクスタシス」であるという。この「現在」は未来と過去とに没交渉で「静止しないで円を描いている」。そして「水平的エクスタシスに垂直的エクスタシスを交わらせることが「時熟」の真の意味ではあるまいか」というのである（『九鬼周造全集　第三巻』岩波書店、一九四頁）。この「時熟」は、世阿弥における「成就」「序破急」に当たる。詳しくは拙著『世阿弥の稽古哲学』（東京大学出版会、二〇〇九年）。

本書はそうした地平を、後に「不生」という言葉のうちに見ようとする。「不生」は「不死」ではない（生まれてこないのだから死ぬこともない）。ということは、「不生」は生とも死とも違う。九鬼の言葉と重ねてみれば、生と死が「水平的エクスタシス」であるのに対して、不生は「垂直的エクスタシス」である。ではその両者がいかに「交わる」か。

しかし今は、そうした問題を予感するだけである。あるいは、そうした「美的理念」をそのまま「誕生」の地平に持ち込むことが許されるのかどうか。

あれこれ考え尽くした挙句に、恨むのでもなく、感謝するのでもなく、ただ受け取る。いつの間にか運ばれている。切ない話を聞き、悲壮な叫びを耳にしながら、それでも与えられた時間を、いつの間にか運ばれているように、丁寧に生きてゆく。そうした地平。

その地平を予感しながら、今は、小さな思い出を、二つ、記して終わることにする。一つは、二十数年前フィリピンの少数民族イゴロットの人々を訪ねた時のこと。ある村で出会った子どもの中に、一人、とりわけ色の黒い男の子がいた。目つきが鋭く、みんなから離れている。拒否されているという以前に自分から皆を拒否しているように見えた。

帰り道、案内役の学生が、声をひそめて説明してくれた。その子の母親は、以前、中東に家政婦として働きに出ていた。働き者として有名なフィリピン女性は世界中に出稼ぎにでる。ところが彼女はその家の主人に騙され身籠ってしまった。なけなしの金と共に失意のうちに国に帰った彼女は、ひとり、子どもを産んだ。誰にも歓迎されない肌の色の違う子。彼女は必死にわが子を愛した。しかし成長するにつれ、わが子は思い出したくない男の姿を、彼女に思い起こさせる。「彼は undesired child なのです」。案内役の学生はそう語った。

少年と会ったのは一度きりである。しかしなぜか繰り返し思い出す、一人片隅でこちらを鋭く見つめていた、顔つきも肌の色も違う、体の小さな男の子。彼は自分が母から歓迎されていないことに気づいていたのだろうか。自分が母にとって疎ましい存在であると知っていたのだろうか。そして自分の肌を憎むのか。誕生を呪い、自分を怨み、これからずっと、すべてを拒否し続けてゆくのだろうか。

自分が誰からも歓迎されていないことを肌身に感じ続ける少年。その彼が自分を受け入れ、他人を信じ、心から笑うことができるのは、どういう時なのか。そしてそれを願うことは、私たちに許されることなのだろうか。

そして、もう一つは、ある写真。

「おかあさんに会うために生まれてきたんだよ」。

「ぼくが生まれてきたわけ」

ねえおかあさん
ぼくがなんで生まれてきたかわかる
早くおかあさんに
会いたかったんだよ
ねえおかあさん

生まれてきてよかったあ
ほんとに会いたかったんだよ

第15回NHKハート展より　中村道雄・組み木絵（写真提供　NHK）／松延祥太郎・詩

小冊子の表紙で目にしたこの言葉。この本を書きながら何度も眺め直した。「すべての子どもたちも同様に」などと考えるには、あまりに多くの話を聞きすぎた。しかしこう語ることのできる瞬間が、私たちの人生には含まれている。そう信じたい。

＊　この感覚と合わせ鏡の位置にある親の側の感覚を、デリダの「無条件の歓待 hospitalité」と重ねた考察として、例えば、前掲書、森田伸子『子どもと哲学を——問いから希望へ』（一五二頁）。また「純粋贈与」を起点として「歓待の教育学」を構想する矢野智司氏の一連の仕事も貴重である（例えば、『贈与と交換の教育学——漱石、賢治と純粋贈与のレッスン』、東京大学出版会、二〇〇八年）。

インテルメッツォ 3

胎児の人間学

胎児はいつから人なのか

「生まれる前」とは胎児のことか。それとも胎児以前、あるいは、受精以前のことか。人生の「開始」はいつなのか。

別の視点からこう問い直してもよいかもしれない。私は胎児だったのか。むろん生物学的には母の胎内で数カ月を過ごしたのだが、では、その胎児は「私」だったのか。「私」として存在していたのか。ということは、その「私」とはどういうことなのかという問いとセットになる仕方で、「私」はいつ成り立ったのか。そして「私の人生」はいつ開始されたと考えればよいのか。さしあたり「転生」の地平には触れないことにして（第Ⅳ章、インテルメッツォ 4）、少しだけ「胎児」に焦点を当ててみることにする。大人たちは「胎児」がいつ「人」になると考えてきたのか。

一、まず、法学における議論。民法（日本の現行法令）は胎児を「人」として認めない。では、遺産相続に関して、妻が妊娠中に夫が死亡した場合、胎児は夫の財産を相続できるか。民法第八八六条は胎児の相続権を認める（「胎児は、相続については、既に生まれたものとみなす」）。しかしその第二項は「胎児が死体で生まれたときは、適用しない」という。つまり胎児の権利は、誕生によって初めて行使可能となる。相続の権利を行使できるのは誕生後になる。

刑法においても胎児は特殊な位置にある。妊婦に傷害を負わせ、胎児が死亡しても、殺人罪にはならない。出生時の胎児を殺害した場合は微妙である。どの時点までは「堕胎罪」なのか（「いまだ人ではない胎児」の殺害なら堕胎罪、「すでに人である幼児」の殺害なら殺人罪）。

＊「人の始期」の学説は多様である（「出産開始の時点」（分娩開始説）、「胎児の身体が母体の外から見えた時点」（一部露出説）、「胎児の身体が母体から全部露出した時点」（全部露出説）、「肺呼吸に移行した時点」（独立呼吸説）など）。その一つに「独立生存可能説」があり、「母体の外に出て独立して生命を保持できる状態になった時点」をもって「人の始期」とする。この見解が「人工妊娠中絶」の法的規定と最も合致する（「母体保護法二条二項」は人工妊娠中絶を「胎児が、母体外において、生命を保続することのできない時期に、人工的に、胎児及びその付属物を母体外に排出すること」と規定している）。

「流産 miscarriage」と「死産 stillbirth, fetal death」は、日本産婦人科学会の定義によれば、妊娠二二週を境に区別される（「中国の古典の「三カ月までの胎児は血であるが、四カ月以降は肉となる」という記載に依拠するという。我妻栄の見解）。正確には、妊娠一二週未満の流産を「早期流産」、一二週以降二二週未満の流産を「後期流産」と呼び、「後期流産」については、死産と同様、「死産届」が必要となる。

＊ 死産した胎児については戸籍に記載されない。いったん母体の外で生命反応を示しながら、分娩

直後に死亡した場合は、死産届ではなく、出生届と死亡届を同時に提出する。妊娠二二週未満で中絶された胎児の遺体については、法的規制がなく、その取り扱いは課題となっている。

二、次に、医学における議論を見る。医療現場では「未熟児」の問題がある。どの程度まで大きくなっていれば、母体の外に出ても生存可能なのか。当然、近年の医療技術の「進歩」によって、ますます未熟な（「超低出生体重児」と呼ばれる）子どもが生存可能となった状況を反映した問いである。

重要なのは「生存限界」と「成育限界」の区別である。「生存限界」は母体の外で生存できるかどうか、（あらゆる生命維持装置を駆使して）ともかく生存し続ける可能性を問題にする。それに対して、「成育限界 viability」は「正常に」成育し続ける能力を問題にする。しかしその「正常に成育し続ける」の意味内容は、生物学的には決定されない。社会的に人々の合意によってゆるやかに決まっているだけである。そこで一般に合意される「社会的成育限界」と個々の症例において可能な「医学的成育限界」との相違も重要になる。そして、そもそもそうした「未熟児」に救命の治療を施すべきであるかという点についても深刻な問いが投げかけられている。

もう一つ、医学研究では、「ヒト胚（the embryo of the human species）および胎児（the fetal）」を研究目的のために利用することの是非をめぐる議論がある。有名な「ウォーノック報告」（一九八四年）は、受精後一五日を境とする。受精卵は約一四日後に着床し「原始線条 primitive streak」を形成し、神経中枢と心臓ができてゆく。この時点を「人」の開始と見る。したがってそれ以後の「胚」は、たとえ研究であっても利用不可能とする。

その代わり、それ以前の「着床以前の胚」は研究に用いることができる。しかしその研究対象となる胚（受精後一三日目までの胚）は、大人や子どもと同じ意味での「人」ではないが「人間でありうる可能性を持ったもの」として保護されなければならない。「大人や子どもと同じ地位は持たないが、特別な地位を持ち、法律で保護されるべき」と言う。

こうしてみると、「受精卵」は「胚 embryo」「胎児 fetus」を経て、誕生し新生児になる。その一連のプロセスにおいて「人間」と「人間でないもの」とを区別する明確な境界線は確認されない。その変化は連続的移行であり、生物学的事実の中には「人になる」決定的な質的変化は確認されない。あるいは、むしろそうした質的変化が複数存在している。

三、今度は、生命倫理学における哲学的議論、とりわけ「パーソン論」を見る。マイケル・トゥーリーの論文「人工妊娠中絶と新生児殺し」（一九七二年）に始まるこの議論は、「胎児に人格はない」という過激な主張として有名になり、「胎児には人格に備わる生命権がない。したがって人工妊娠中絶は道徳的に不正とは言えない」という点だけが断片的に強調され、多くの批判を受けた。いわば、生きるに「値する人間」と「値しない人間」とを区別する「弱者切り捨ての思想」として批判されたのである。少しだけ議論を整理する。

トゥーリーは「人間 human being」と「パーソン person」を区別し、「パーソン」を「生命権 right to life を持つ者」と定義した。「パーソン」であるための要件を問題にしたことになる。それに対して、すべての人間が生命権を持つとする立場は、そうした区別自体を拒否する。「パーソン」の要件を明確にするということは、裏を返せば、「その要件を満たさない者」、すなわち、「生存権が認められない者」を浮き彫りにしてしまうからである。

また、トゥーリーは「生存する厳粛な権利 a serious right to life」の要件を、受精卵が成長してゆくプロセスの中で問い直した。受精卵はどの時点でパーソンになるか、一つの細胞が「パーソン」と呼ばれるに値する存在となるのはいつか（胎児はいつ人になるか）。その要件としてトゥーリーは「自己意識要件 the self-consciousness requirement」を挙げた。パーソンであるためには「自己」の概念を持ち、「自分がそうした主体であると信じていること」が必要である。その要件を満たさない者は、パーソンではない。「自己意識要件」を満たさない者は生存権を持たない。そして「生存権を持たないならば、殺しても道徳的に不正ということはできない」と論じたのである。

＊　①ある権利を持つためには、その権利に対する「欲求」を前提にしなければならない。②生存する権利（殺されない権利）を持つためには、生存への「欲求」を持つ。③自分の生存への欲求を持つためには、「持続する自己」の概念がなければならない。④「持続する自己」が可能になるためには、自己意識が必要である。こうした立論については、そのすべての項目について批判が繰り返されてきた。また、こうした議論の「分析部分」と「結論部分＝〈生存権を持たない者を殺しても道徳的には不正ということはできない〉」を区別し、分析部分のみ切り離して評価する立場と、結論につながる分析部分も拒否する立場に分かれることになる。

厄介なことに、後年トゥーリーはこうした定義を撤回し、例えば、「生存権を持つためには、生存権への欲求 desire を必要とする」のではなく、「自分自身が存在し続けることへの利害関心 interest を持つことができない限り、生存権を持ち得ない」とするなど、議論の修正を重ねている。また、トゥーリーのような過激な「厳密な意味でのパーソン」からは区別された「社会的意味としてのパーソン」がトリストラム・エンゲルハートによって提出され、さらに、ピーター・シンガーなど功利主義的立場の議論も「パーソン論」として議論される。

森岡正博氏は、こうしたパーソン論が、自分をパーソンであると主張する人によって論じられ、パーソンであることは優れた価値であると信じられている点に目を止めている。つまり、自分たちは優れた存在であるという暗黙の前提の上に、優れた者と劣った者の線引きをしていることになる。「正常と異常の線引きは常に正常の側からなされる」というフーコーの指摘通りである。ということは、パーソン論とは「優越したこの私たち」の要件を探す試みであり、その要件として「自己意識」と「持続する自己」の概念を挙げ、「知の力を持った優越した私たち」の範囲を決める試みであったと批判している。

＊　森岡氏は「ペルソナ」の重要性を語る。応答を迫るペルソナに対して私の側がどのように応答するか。重要なのは、胎児の側の要件ではなくて、応答する側の在り方ということになる。

本書はこれ以上「パーソン論」には関わらない。その代わり、胎児は「私」だったのかと問う。

あるいは、その起源に到達不可能であることを承知しつつ、「私という現象の起源」を問題にする。そこで今度は、視点を変え、「自分の胎児期を回想する」視点を見る。今までの議論における「胎児」はすべて「他人」であった（他人である胎児を、研究者がいわば外から観察する、治療する、法的権利を問う）のに対して、自分自身の胎児体験を問い直すという視点である。

「誕生の記憶」の周辺――生まれてくる時、何を体験するのか

米国の心理学者デーヴィッド・チェンバレンの『誕生を記憶する子どもたち』（片山陽子訳、春秋社、一九九一年、D. Chamberlain, *Babies Remember Birth*, 1988）は、胎児や新生児の豊かな学習能力を紹介しながら、自分の誕生を語る子どもの証言を紹介する。自分が生まれてゆく場面の「記憶」。

＊例えば、以下のような証言。「みんなそろそろ生まれる頃だと言っている。押される感じがするけど、出ていきたくない。まだ準備ができていない。できるだけここにいたい。／どんどん押されるようになってきた……どんどん押されて……すごい力……押し出される！　いやだ、私はここにいたい、この場所にずっと。でもこの力には逆らえない。／大津波……大津波に巻き込まれてしまった……」（同書、一九一頁）。

こうした「証言」について、チェンバレンは、母親の記憶と照合することを試みている。十人の子ども（九歳から二十三歳）とその母親（過去に出産を話題にしたことがないこと、子どもたちがその場面について語ったことがないことが条件）に来てもらい、催眠状態で語られた子どもの「証言」と別の部屋で聴取した母親の「記憶」を照合する。すると多くの記憶が一致した。出産の場所、そこに居合わせた人、使われた器具（保育器や鉗子）が一致し、あるいは、足から先に生まれたこと、母乳を飲んだこと、父親が来たことなど記憶が一致することもあった。むろん相違もあったが、共通する点に比べると、大幅に少なかったというのである。

こうした「誕生の記憶」については、心理臨床の現場では、十九世紀末頃から報告されていたようである。しかし証明する手立てがない。というより真剣に検討するに値するとはみなされてこなかったのである。しかしオットー・ランクが「出生外傷」に注目するなど、少しずつ話題になり始めていた。精神科医も患者たちから話を聞く中で何らかの関連に気づいていた。例えば、レインはこう語っていた。「現代人の多くは、自分の妊娠から出生までに起こったことが、現在成長した後でも、自分に何らかの関係を持っていると感じている」（前掲書『生の事実』、九一頁）。むしろ問題は、そうした胎児体験が後の人生の「型紙 the templates」として機能しているのかどうか、つまり、後の人生が胎児体験によってどれほど規定されるのかであるという（同書、五五頁）。

実際、臨床の現場では、数多くの体験的な報告を重ねる中で、一、心理的困難の多くが「原初の苦痛（外傷体験）」と関連を持つこと、二、何らかの方法によってその「原初の苦痛」を呼び出し再体験させること、三、患者自身がその体験と自分を融和させることが課題となっていた。そしてこの「原初の苦痛」は、多くの場合、潜在的な胎児期の体験、あるいは出生体験と結びついていたから、セラピーは、胎児期の否定的な場面を再体験することによって、患者自身がその体験と和解することを目指すことになった。

＊「リバーシング」という言葉はこの文脈で登場した。レナード・オアとサンドラ・レイは「ホットタブ」と呼ばれる日本風の風呂に長時間浮かぶ実験を行う中で、体験者の多くが自らの誕生時の体験を再体験していることに気がついた。さらにその際「特殊な呼吸パターン」が共通して観察された。この呼吸パターンを用いると、ホットタブほどではないにしても、似た体験が生じる。そこでセラピスト（リバーサー）の立ち会いのもとに、この特殊な呼吸パターンを用い、誕生時に起こる呼吸のダメージを治癒することを試みた。恐怖やパニックの際の呼吸を整え、その体験と和解することを目的としたのである。（L. Orr, S. Ray, *Rebirthing in the New Age*, 1977）

さてこうした議論の上に、スタニスラフ・グロフの理論「ＢＰＭ（Basic Perinatal Matrix 周産期の基本的マトリックス）」が登場する（Perinatal は、ギリシア語の接頭語 peri-「周辺」と、ラテン語の natalis「出産にまつわる」の合成。「出産とその前後に関わる出来事」を意味する）。

出生時体験を構造化したこのＢＰＭ理論は、「誕生体験」を四つの異なるステージに区別する。それぞれのステージが後の人生にいかなる異なる影響を残すことになるのか。

他方、グロフはセラピーの報告を整理する中で、四つの元型的体験を見出した。一、「安らぎの体験」、二、「恐怖の体験」、三、「生死をさまよう体験」、四、「新しい場面に出る体験」。グロフの主眼はこれらの「四つの元型的体験」が「分娩前後の四つのステージ」と対応するという点である。

すなわち、一、「安らぎの体験」は母胎の中の胎児期に、二、「恐怖の体験」は分娩開始の時期に、三、「生死をさまよう体験」は産道を通る時期に、四、「新しい場面に出る体験」は母体の外に出る時に対応する。そこで、四つのマトリックスが出来上がる（「元型的体験」と「ステージ」の組み合わせを「マトリックス」と呼んだことになる）。

「胎児期（BPM1）」は、母親の子宮の中で羊水に浮かんでいる。ゆったりとした深い安心感。自分と世界は分離せず対立もない。例えば、水生の生命の形態、星の間に漂う感覚、宇宙的一体感や大洋感情とも重なる。しかし胎児が大きくなってくると窮屈になり、不快感・閉塞感を体験する。

「分娩の初期段階（BPM2）」は陣痛の段階。子宮が収縮を始めるため、胎児は締め付けられる。しかし子宮口はまだ閉じているから「出口なし」になる。逃げ場のない窮地に追い込まれ、子宮が収縮するために、胎児は強烈に圧迫される。閉所恐怖など恐怖の体験とつながり、閉じ込められることを嫌う。セラピーの中では、暗い危険な地下へと降りてゆくこと、強大な渦巻きに吸い込まれること、宇宙への吸引（cosmic engulfment）などの体験として報告される。

「産道（BPM3）」では、胎児は窒息状態にある。誕生に向かい苦戦するプロセスは、死の体験とそれを通り抜ける体験である。苦しい体験でありながら、しかしかすかな光が見えている。苦しみが確かな方向性と目標を持っているという感覚。そうした解放感と同時に、追い出される恐怖も感じる。神話的人物の苦しみが我が事として体験されたり、虐待され、投獄され、拷問を受ける人々との深いつながりを感じることもあるという。人類に共通の「産道体験」を基にした共通の「試練」の元型に触れていることになる。

「分娩の完了（BPM4）」は、新しい世界に誕生し母親から離れる。苦しみからの解放であると同時に、子宮から追い出された孤独感でもある。それまでの自分が死んで新しい自分に生まれ変わる体験。償い、救済、浄化など、宗教的な神話が語る死と再生の体験は、このマトリックスと重なることになる。

以上の四つのマトリックスにおいて重要なのは、それぞれが四つの元型的場面であるという点、それらを（出生体験と重ね合わせることによって）構造化した類型論であるという点である。したがって、それらが胎児期の正確な記憶であるかどうかは重要ではない。四つのマトリックスはそこから無数のイメージが想起される「元型」として提起されたのである。

さて、ここまで見たうえで、あらためて「出生（誕生する）」とは、出生する当人にとって、いかなる体験であるのか。温かい羊水の中、調節された酸素と栄養が与えられ、適度に揺られる、最も安全に保護されている空間。そこから出てくる。しかし「出てくる」のか「追い出される」のか。

胎児はいかなる原因によって母の胎内から出てくるのか。言い換えれば、いかなる条件が揃うと、母体に分娩が開始されるのか。胎児の大きさがある限界に達すると何らかのホルモンが反応するなど、多様な見解がある中で、興味深いのは免疫学の視点である。免疫学に依れば、生体は「異物」を排除する。胎児はある程度成長すると、母体にとって「異物」となる。ということは、母体の拒絶反応が、分娩の引き金になるということである。

そう考えてみれば、胎児にとって「出生」とは、まず、拒絶される体験であったことになる。追い出されてしまう体験。そうした最初の体験が、生体に（その後の人生に）、何らの影響も残さないと考えるのは不自然であるだろう。

＊　生まれる側の視点に立った産科医療については、例えば、フレデリック・ルボワイエ『暴力なき出産』（村松博雄訳、ＫＫベストセラーズ、一九七六年／中川吉晴訳、アニマ２００１、一九九一年、F. Leboyer, *Birth without violence*, 1975）。胎児には感覚がないという「常識」の中で、いかに分娩室の強烈な光が胎児にとって苦痛か、いかに母親の温かさから引き離されてしまうことが苦痛か、やさしく語っている。

なお、「母親の感情が胎児に与える影響」に関する縦断的な研究は今後の課題である。母親のあらゆる精神作用がそのまま胎児に影響を与えることは予想されるが、しかしいかなる影響を残すのか。例えば、母親が妊娠に否定的である場合、胎児に何らか心理的な「傷」として残るという見解がある。まして、意識的に胎児を大切にしていても、母親の無意識的な心の働きの方が、胎児にはより強く影響してしまうという見解まで視野に入れた場合、その「影響関係」をいかに確認したらよいか。

＊　伝記研究から数多くの興味深い事例を提供してくれた貴重な研究がある（西平直喜『幼い日々にきいた心の詩』有斐閣選書、一九八一年）。例えば、「望まれなかった子ども」として、高群逸枝、徳富蘆花、ビリー・ホリディ、坂口安吾、バルザック、リルケなどの事例を示し、「母親が妊娠に否定

的である」ことが後の人生にいかなる影響を与えるか、伝記的回想を通して豊かに描き出す。さらに「生まれ出るのを恐れられた子」として、ダリ、イサドラ・ダンカン、マリリン・モンロー、フィデル・カストロ、室生犀星といった人々を挙げ、例えば、「父とその家の女中との間に生を享けた子」が、後年、その「出生の秘密」をいかに回想するか、など貴重な事例研究である。

胎児体験と集団幻想——ドゥモース論文の衝撃

ところで、胎児期の体験が「集団幻想」として社会生活に影響を与えているという見解がある。例えば、集団幻想を操作する政治ポスターの中に胎児期体験のイメージが巧みに用いられ、祖国への忠誠心を駆り立てるためにも胎児体験のイメージが象徴的に利用されているというのである。

＊ ロイド・ドゥモース「歴史の胎児起源」(L. deMause, The Fetal Origins of History, in: Edited. T.R. Verny, *Pre-and Peri-natal Psychology*, 1987)。子ども観の歴史研究で知られた米国の歴史学者が、多数の写真をもとに、大胆な仮説を説得的に語ったものである。

ドゥモースによれば、集団儀礼に見られる主な出来事は、その多くが、胎児期のドラマを反復したものである。胎児期のドラマを理解しないと儀礼の真の意味が理解できない。人類の集団生活の基盤には「胎児期に見られるドラマのイメージ群」が存在し、歴史の中で形を変えながら、繰り返し現れてくるという。

重要なのは、「臍帯（へその緒）」と「胎盤」である。ドゥモースによれば、神々の原型は、胎盤にある。聖なる対象を前にした畏敬の念（ヌミノーゼ）は、「胎盤にしがみつく胎児の感情」に近い。胎盤に頼るしかない。ただ一方的に受け取るだけである。その関係は新生児の母子関係より直接的であり、むしろ幼児期の母子一体感は、「臍帯によってつながる胎児と胎盤のつながり」の再現であったことになる。

そこでポスターなどには、象徴的に「臍の緒」に相当するイメージが多数登場する。例えば、「集団」への帰属感が「臍の緒を通して結ばれている」という象徴によって描かれる。戦意高揚のポスターには、旗竿《はたさお》を腹部（臍の位置）で支えて掲げる兵士が登場する。それは集団と「臍の緒を通して」強く結びつく象徴である。あるいは、兵士の多くが、臍の位置からロープや鎖を伸ばした姿で描かれるのも、深い直接的な一体感を（無意識の内に）呼び覚ますための工夫である。

そう思ってみれば、胎盤と胎児をつなぐ臍の緒は、腕や足より先に、胎児に備わっていた、まさに必要不可欠な絆。そのイメージと重ねる仕方で、母なる祖国（幻の胎盤）との強い一体感を高揚させようとしているというのである。

こうした基本的モチーフのもとにドゥモース論文は、集団（部族・国家・共同体）の歴史を、「苦しみもがく胎児が体験するドラマ」から読み解いてみせる。ヘビや龍のイメージで現れる「邪悪な胎盤」イメージ、闘う英雄として語られる「胎内で苦しむ胎児」など、胎児期のドラマに備わった象徴的意味によってのみ、人類の文化パターンは理解することができるというのである。

＊　なお、同書にはこのドゥモース論文を踏まえた「UFO拉致報告に見られる周産期のイメージ」という論文も収録されている。UFOに吸い込まれるなどの体験が「臍の緒」や「胎盤」など出生体験のイメージと重なるという、にわかには納得しがたい、しかしきわめて興味深い視点である。

Ⅳ　生まれてこないということ

——不生・未出現・潜勢力

……私はある時期、自分には生まれないことを選ぶ可能性があったのに、その道を選ばなかったということを、繰り返し考えていました。……

誕生の不思議を課題としたレポートの中にこの言葉を見た時には息をのんだ。「生まれる前」の話。自分には「生まれないことを選ぶ」可能性があったのだが、しかしその道を選ばなかった。そうしたことを繰り返し考えた時期があったというのである。

私はこの学生が「生きることを選んだ」と書かなかった点に惹かれた。「生まれない」可能性があったのに「その道を選ばなかった」というのである。そして芥川龍之介の小説『河童』を思った。河童の世界では母親のおなかに子どもができると父親が子どもに向かって尋ねることになっている。お前は本当に生まれてきたいのか。

小説に登場する父親バッグも、電話でもかけるように尋ねる。「お前はこの世界へ生れて来るかどうか、よく考えた上で返事をしろ」。おなかの中の子は「気兼でもしていると見え」、しばらくしてから小声で返事した。「僕は生れたくはありません。第一僕のお父さんの遺伝は精神病だけでも大へんです。その上僕は河童的存在を悪いと信じていますから」。父親バックはてれたように頭を掻いているだけだったが、産婆さんが手際よく注射する。すると母親の大きかった腹は、水素瓦斯《ガス》を抜いた風船のように、へたへたと縮んでしまった……というのである。

小説の筋は忘れても、「この声、この出産の場面だけは、くっきりと記憶に残る」と、三浦雅士『出生の秘密』は、二度までもこの場面を引用した。生まれたくて生まれてきたわけではない。「自分自身を意識したその意識が一度は必ず通過するこの不気味な呟き」。その呟《つぶや》きを芥川龍之介という天才は、裏側から、浮き彫りにした。「生まれたくて生まれてきたわけではない」という聞き取ることができないほどの微かな呟きを、言葉によって造型し、並べてみせたことになる。

生まれたくて生まれてきたわけではない。その呟きを「生まれてこない」という視点から問い直す。生まれてこなかった子どもたち、生まれてこなかった魂の声である。

Ⅳ―1　ファラーチ『生まれなかった子への手紙』

わたしとおまえ

「生まれてこなかった子ども」の声を描いた本がある。小説ではない。しいて言えば、女性ジャーナリストの手になる告白的ドキュメント。オリアーナ・ファラーチ『生まれなかった子への手紙』である。

＊　原著はイタリア語、Oriana Fallaci, *Lettera a un bambino mai nato*, 1975. 竹山博英訳、講談社、一九七七年。
オリアーナ・ファラーチ（一九二九―二〇〇六）はイタリアの著名なジャーナリスト。攻撃的インタビューは有名で、権威ある相手に鋭い質問を浴びせ、時にはひどく怒らせたという。この本も問題提起の書として大きな論議を引き起こした。

「生まれてこなかった子」が、被告席に座る彼女に向かって語りかけるのは、最後のクライマックスの場面である。そこに至るまでの経緯を見ておくことにする。

冒頭はこう始まる。「真夜中に、私は、おまえがいることを知った。無から抜け出してきた、ひとしずくのいのち。暗闇の中で私は目を開けていた。そして突然、暗闇の中に、確信の閃《ひらめ》きが走った。そう、おまえはいた、存在していた。まるで胸に銃撃を受けた感じだった。私の心臓は止まってしまった」（五頁）。

予期せぬ妊娠、ジャーナリストとして活躍し始めた矢先の婚姻外妊娠。そうした微妙な状況において、「私はおまえがいることを知った」という日本語は奇妙なのだが、しかしファラーチの文章は確かに「わたし」が「おまえ」に語りかけている。Stanotte ho Saputo che c'eri.（Stanotte 昨夜、ho Saputo 知った、che c'eri 存在していた。ci eri は「繋辞 copula」ではなく「存在している」の意味。二人称半過去）。英語訳は明快に Last night I knew you existed とする（translated by J. Shepley, *Letter to a child never born*, 1976）。

予期せぬ婚姻外妊娠に突然気がつく場面。日本語ではどう語るのか。そしてもし、そもそも言葉にすること自体に無理があるとすれば、まさにファラーチは無理な試みをしたことになる。そして私たちはそれがいかなる意味において「無理」であるのか、しかし心のいかなる位相に触れているのか、確認しようとする。

「私はこういう状況におかれた女に襲いかかると思われる疑問をさらけだしたかったのです」（五頁）。

そう語るファラーチの「こういう状況」には、婚姻外妊娠であること、働く女性であることなど、複雑な事情が含まれているのだろうが、しかしもしかすると、逆に何ら特別なことではない、子どもを宿した女性ならば誰もが感じるアンビバレントな心の揺れ、母親になることへの不安であったのかもしれない。

他者

おなかの中の子どもと語る。まだ見ぬわが子に語りかけて気持ちを通わせ、しかし時に、敵対し文句を言う。ファラーチは、ある時はそれをモノローグにすぎないと言い、ある時は「おまえ」という他者を明確に意識すると言う。自らの内にありつつ、しかし自分ではない何ものか。それは「他者」なのか。自分の内なのか外なのか。

そうした「他者」に気づいた最初の場面はこう語られる。「私はおまえを待ちわびていた、しかし受け入れる準備はできていなかった。私はいつも残酷な問いを突き付けられていた。もしおまえが生まれてくることを望まないとしたら、もしある日、おまえがこう叫んで、私を非難したとしたら。「誰が僕をこの世の中へ出してくれと頼んだのさ、なぜ僕を生んだのさ、なぜ」」（六頁）。

問題は受け入れる用意ではない。「おまえ」は本当に生まれたいのか。もし生まれてくることを望んでいないなら、意に反して人生を開始させてしまうことになる。それは恐ろしいこと。責任をとる用意がない。「なぜ僕を生んだのか」という問いを突き付けられた時、答える用意がないというのである。ある女性も同じ時期、毎晩のように繰り返していたという。「本当に生まれてきたいの。本当にいいの、本当に私がママでいいの」。

ファラーチはこうも書いている。「おまえが再び沈黙の中に戻りたいとは思っていないなどと、どうして私に言うことができるだろうか」。そして自分自身の誕生を思い出している。彼女の母親は子どもを望んでいなかった。流産を望み、実際に薬を飲み続けていた。しかしある晩、おなかの中の子が「蹴る」という仕方で「生きたい」というサインを送ってきた時、母親は薬の服用をやめた。それゆえ母親によれば、彼女（ファラーチ）は自ら「生きる」意思を表示して生まれてきたと言うのである。

ファラーチの語りは、そうした自らの出生の反復なのだろうか。一方で、彼女は「生」を肯定する。「生きる」ことは「生きない」ことよりもよい（良い・善い・好い）と彼女は何度も繰り返す。にもかかわらず、他方で「生まれてこない」可能性を思う。生まれてこない方がよかったという可能性。そして「なぜ僕を生んだのか」という問い。

プレポテンツァ――大いなるいのちの摂理の圧倒的な力

その後、話はゆるやかに時系列に沿って展開する。恋人の反応、両親の視線、医者からの警告、上司の皮肉。社会からの冷たい視線を浴びながら、「結婚せずに子どもを産もうとする女は、ほとんどの場合、まったく無責任な女であるとみなされる」と記すファラーチの時代、困難は今日より一層大きかったのだろう。だからこそフェミニズムの文脈で注目されることが多かったのだが、今は「おまえ」との対話が話の焦点である。

「私は働いている女で、他にも多くの仕事と好奇心を持っている。私はおまえを必要としないと、もう言ってある。けれども私は、おまえが好むと好まないにかかわらず、同じようにおまえを前方へ導いてゆく。私にも、そして私の両親、祖父母、曾祖父母にも押し付けられてきた、あのプレポテンツァprepotenzaを、同じようにおまえにも押しつけよう」（一〇―一一頁）。

ファラーチは繰り返し、自分が「おまえ」を必要としないことを、「おまえ（胎児）」に伝えている。自分には仕事がある。子どもは要らない。にもかかわらず、彼女は「おまえ」に「生きる」ことを押し付けようとする。自分が両親から押し付けられたように、そして両親もまたその両親から押し付けられてきたように。それが「プレポテンツァ」である。

訳者の竹山博英氏が「絶対権力」と訳しているこの言葉 prepotenza は、「横暴・横柄・圧倒的な権力」。日常語としては「自分勝手な我がまま」の意味で使われるというから、どうやらファラーチは、「大いなるいのちの摂理」の圧倒的な力をこの言葉に託したことになる。好むと好まざるとに関わらず、「太古から脈々と受け継がれてきた生を肯定する絶対の法則」が、横柄なまでに圧倒的な権力をもって個人に押し付けられる。それによっていのちが連続してきた。自分もその力を押し付けられてきたのだから、同じように、「おまえ」にも押し付ける。

重要なのは、ここで彼女がそれを「よい（良い・善い・好い）」と語っている点である。自分は子どもを必要としないが、しかし自分に押し付けられたこの「摂理」を「おまえ」にも押し付けることは「よい」ことである。「私が生まれる何百万、何千万年も前から、木々がしてきたことを、そして今もしていることを、私はした。そしてよいことをしたと信じている」（一一一―一一二頁）。

しかしいつもそう考えているわけではない。それどころか「おまえ」との対話の大半は葛藤に満ちている。対決であり、「虐待」という言葉も出てくる。しかも「胎児によって虐待されている」。「私たちは共に歩いているのではない。虐待者と被虐待者だ。おまえは虐待する側、私は虐待される側。おまえは私の中に泥棒のように忍び込み、私の腹、血液、呼吸を奪った。そして今は私の存在全体を奪おうとしている。私はそれを許さない」（九三頁）。

母親が胎児によって虐待される。ファラーチの語りは実にストレートである。「おまえ」は私から血液を奪い呼吸を奪い、今はその存在全体を奪おうとしている。私はそれを許さないと叫ぶのである。

法廷の被告席——生まれなかった子どもの証言

そうした中、医者の忠告を振り切って過酷な取材旅行に出かけた結果、彼女はとうとう倒れてしまう。そして流産。病院にたどり着いた時には、「既に終わっていた」と聞かされ、気を失ってしまうのである。その朦朧とした意識の中で夢をみる。「法廷」で裁かれる夢。子どもを死なせた罪に問われ、被告席に立つ夢である。主治医が立ち上がって「殺人者」と告発し、女医が「正当防衛」と弁護する。胎児の父である恋人が証言し、編集長や両親の証言が続いたその最後に「子どもを呼べ」という声が起こる。「子どもだ、子どもだ」、子どもに語らせろ。ファラーチは必死に抵抗する。「子どもだけはやめて。子どもを証言台に連れ出すようなことはしないで」。

にもかかわらず、子どもが登場する。「お母さん、僕に話させて。お母さん、心配しないで。Mamma! Lasciami parler, mamma. Non avere paura.」

わたしはおまえの声を聞いた。「お母さん！」、誰かが私のことをお母さんと呼んだのは、それが初めてだった。おまえの声を聞いたのも初めてだったし、しかもそれは子どもの声ではなかった。それは大人の声、男の声だった。（一三四頁）

その声はこう語り出す（この声が子どもの声ではなく「大人の男の声」であるという点は、このイマージュの舞台が「法廷」であった点と併せて後に検討される）。

……僕は生まれることを望みませんでした。初めのうちは、生まれることは美しいと感じていました。母さんが僕に教えたのです。生まれることは美しく、無から脱け出すことは喜びである。無より悪いものはなく、最悪なのは、存在しなかったと言わねばならないこと。母さんの信仰が僕を引きつけ、母さんのプレポテンツァが僕を引き付けました。僕は母さんを信じました。母さんのあらゆる思想を飲みました。僕を生へと導くために母さんがあらゆる困難に立ち向かっていた時、生は本当に最高の贈り物と感じられました。（一三五―一三六頁）

もし人生が苦しむことであるならところが次第に状況が変化する。「母さん」の中に迷いが生じ、僕を責めるようになったというのである。

……母さんはある時期から僕に向かって、「おまえは本当に生まれてきたいのか」と問うようになりました。自分の不安から逃れるために「生まれるかどうかの決断 la decisione di esistere」を僕に押し付けたのです。母さんは僕を責め、僕に試練を与えるようになりました。（一三七頁）

こうしてその「声」は、妊娠以来の母親の体験をすべて、胎児の視点から語り直してゆく。

母さんは人生を信じていませんでした。自分も苦労して暮らしているのに、子どもにも同じ苦労を体験させてしまう。その不安に耐え切れなくなっていました。そのことに気がついた時、僕は最初で最後の選択を自分自身に許しました。生まれてゆかないこと。生まれることを拒否すること、そして二度と望みを持たないこと。（一三八頁）

そして最後にこの「声」は問いかけている。

もし人生が苦しむことであるなら、一体何のために生まれるのですか。胎児たちの目的ははっきりしています。生まれること。存在すること。では母さんたちの世界では何が目的なのですか。死ぬことですか。無を待つことですか。もし無に向かっているのなら、なぜ無に還るために無から出てゆかなければならないのか perché avrei dovuto uscire dal nulla per tornare al nulla、僕にはわかりません。（一三九頁）

彼女は叫び、息子に手を差し伸べ、一緒に連れていってくれるように懇願するのだが、「僕はまた生まれてきます」という息子の言葉を最後に、夢から覚めることになる。「地上のあらゆる精子とあらゆる卵子も、おまえを、おまえであったものを、おまえでありえたものを、再び作り出せないだろう」。そう語ってこのイマージュは終わるのである（一四一頁）。

いくつかの論点

考察すべき課題があまりに多い「語り」。いくつか論点のみ整理しておく。

一、まずファラーチのこの本は「モノローグ」であったのか。確かにファラーチは「おまえ」と対話しつつ、しかしそれが「ひとりごと」であることを何度も確認している。「わたしがおまえの中に見るものは、おまえではない。わたし自身だ。わたしはおまえに意識を与え、対話をかわした。でもおまえの意識はわたしの意識であり、わたしたちの対話はひとりごと、私自身のひとりごとだったのだ！」（九三頁）。しかし「おまえ」に文句を言う場面においては「ひとりごと」を越え出てしまう。「おまえ」と対決している。そしてそれに対する胎児の側からの「返答」がまとめて最後の証言で語られたことになる。あるいは、この最後の「法廷」の場面は、彼女自身を内に含んだ舞台劇の台本である。「私はこういう状況におかれた女に襲いかかると思われる疑問をさらけだしたかったのです」。そう語る彼女は、自らの体験を可能な限り客観的に報告しようとしたジャーナリストである。

＊「胎児を可視化する」という視点に含まれる問題については、土屋敦「胎児を可視化する少子化社会――「生長の家」による胎児の生命尊重運動（プロ＝ライフ運動）の軌跡（一九六〇年代―一九七〇年代）から」（東京大学グローバルCOE『死生学研究』六号、二〇〇五年）。

二、この「法廷」の場面は、睡眠時の夢（あるいは錯乱時の幻覚）であった。しかし夢にしては象徴性が少なすぎ、整理されすぎている。仮にその体験そのものを「法廷のイマージュ」と名付けてみれば、おそらく実際の「イマージュ」は、より混沌としていた。順序もなくセリフもなかった。その混沌としたイマージュを、後に、彼女が編集し再構成した。その時ジャーナリストとしての彼女の意識が加わったことは間違いない。しかし「再構成された物語」であることは、その語りの価値を下げることにはならない。むしろこの語りは「詩の言葉」と理解されるべきなのかもしれない。詩は、自らの内部に未知なるものを見出し、それに語りかけ、それからの返答を言葉にする。そうした意味における「詩」として読み解かれる時、その語りは最も豊かな意味を開示する。

三、ところで、こうした胎児との対話は、ある意味で、死者との対話に似ている。しかし胎児は死者ではない。ファラーチは「まだ自分のおなかの中にいるわが子」の声を聞いている。ここで「まだおなかの中にいる」という点を強調するのは、実はその後、ファラーチは、医者の制止を振り切って、流産した胎児をフラスコに入れてベッドのわきに置き、そして今度こそ「死胎」と直面する仕方で、自らの思いを語っているからである。その意味において「法廷のイマージュ」は、「まだおなかの中にいる、しかしもはや生まれることのない子」との対話なのである。

ここで、ファラーチと胎児との関係性を簡単に整理しておく（その関係性の複雑さは次節で見る）。①モノローグの中で「おまえ」と語りかける相手として登場する胎児（母子一体感の中に包まれている）。②法廷イマージュの中で証言する胎児（まだお腹の中にいて、あくまでイマージュとして登場する）。③フラスコに入った姿で対面される胎児（この胎児を「死者」と呼ぶかどうかについては、文化的影響を考慮した慎重な検討が必要になる）。

＊　日本社会における現代的「水子供養」については慎重な考察を必要とする。調査によると、水子供養に訪れる女性たちの多くは「母子一体を壊してしまったことに対する悔い」が大きく、供養の中で「母子一体の回復」を願っている。それに対して、ファラーチの場合は、後悔でも謝罪でもなく、あるいは逆に胎児を守護神とするわけでもなく、むしろ正面から一人の「他者」として向き合っている。しかも「法廷」という場面において立ち向かっている。文化的差異を考慮したとしても、「産んであげられなくてごめん」という語りとは大きく異なっていることになる。「水子供養」については、高橋三郎編『水子供養――現代社会の不安と癒し』（行路社、一九九九年）、末木文美士・前川健一「妊娠中絶と水子供養」（関根清三編『死生観と生命倫理』東京大学出版会、一九九九年）、ウィリアム・R・ラフルーア『水子――〈中絶〉をめぐる日本文化の底流』（森下直貴他訳、青木書店、二〇〇六年、**W. LaFleur, *Liquid Life: Abortion and Buddhism in Japan*, 1992**）など。

四、さて、胎児の声は「大人の男性」の声であった。胎児を「他者」として位置づける構図とその声が「大人の男性」であった点は重なり合う。その声は、対等に意見を交わすことができる「他者」であると同時に、自分を攻撃し告発する「他者」なのである。

あるいは、この「大人の男性」の声を、ユング心理学に倣って、彼女の「アニムス」と理解してもよいかもしれない。自らの内なる体験を冷静に意識化しようと努める彼女の「意識」のパートナー。「影」のように「意識の正反対」ではない。むしろ彼女の「意識」と同じく冷静に意識化に努めつつ、しかし彼女の「意識」とは異なる視点を持った「内なる異性」。あるいは、その「声」は「老賢者」を思わせる時もある。事態を冷静に見極め、「なぜ存在すべきなのか、なぜ無へと帰るために、無から抜け出さねばならないのか」と問いかけ、「無から出てゆかない」ことを自ら選び取るのである。

五、最後に、あらためて、「法廷」という場面設定について。胎児と二人で静かに対面するのではない。「法廷」は裁きの場であり議論を戦わせる場である。子どもに証言させろという声があった時、彼女は必死に拒絶した。彼女は「おなかの中の子」が証言台に立つことを望まなかったのである。しかし彼女は、結果的には、「法廷」という場を設定することによって初めて「おなかの中の子」の声を「証言」として聴くことが可能になった。

あるいは、むしろ「証言」という形で「わが子」の声を聴くために「法廷」を必要としたと考えてもよいかもしれない。彼女は「法廷」という舞台が設定されることによって初めて、わが身に生じている出来事を整理する視点を得た。渦中に巻き込まれているのではない。「法」というルールに従わなくてはならない状況に身を置くことによって初めて、わが身に生じている出来事と折り合いをつける可能性が生じた（自分に許した）。だからこそ、「わが子」の証言は、法廷の証言には似合わず、直接母親に向けられていた。陪審員に向かって語るのではない。母親と二人だけであるかのように、母親を説得しているのである。

母親は「許される」ことを必要とした。しかし「許す」という言葉は、相手から（次節で見るラカンの用法で言えば、「他者の欲望として」）語られなければならない。あるいは、彼女は、「おまえ」という二人称ではなく、「ぼく」という一人称の語りを必要とした。「ぼくは」という「生まれてこなかった子ども」を主語とした語りが可能になる場として、「法廷」が必要であったことになる。

生まれてこなかった子どもたち

「生まれてこなかった子」は「死んだ」のではない（生まれてこなかったのだから死ぬことはない）。しかも、自ら選んで、生まれてこなかった。芥川が河童の世界に描き出したように、私たちには、生まれてこない道があった。しかし私たちはその道を選ばずに来た。他方、その道を選び、そのまま生まれることのなかった子どもたちもいた。

私たちは今、「生まれてきた者」と「生まれてこなかった者」が互いに見つめ合う微妙な地平に触れつつある。

Ⅳ―2　「対象a」

――『生まれなかった子への手紙』を読む視点（1）

さて、ファラーチの語り（『生まれなかった子への手紙』）を読み解くために、二本の補助線を引く。一本は、「女性が胎児を失うという体験」の意味を理解する補助線、ラカンの「対象a」。「対象a」という言葉を用いた場合、ファラーチの語りはどのように理解されるのか。もう一本は、「生まれなかった胎児」という視点についての補助線、埴谷雄高の「未出現」。「未出現」という視点から理解する時、ファラーチの語りはいかに解きほぐされるのか。

ラカンの「対象a」という視点

「胎児を喪失する」という出来事の意味を問う場合、まず思い起こされるのは、ラカンの「対象a」である。難解で名を馳せるその理論を解きほぐすのは容易ではないのだが、ありがたいことに、この概念をもとに「胎児喪失」の意味を読み解いた新宮一成氏の研究がある。人工妊娠中絶の体験を「対象a」の観点から読み解いてみせた貴重な事例研究である。むろんファラーチとは状況が違うのだが、「胎児を失い、夢をみる」という一点で重ねてみる時、ファラーチの夢の特殊性を浮き彫りにしてくれることになる。

＊ 新宮氏の事例は、最初『夢と構造――フロイトからラカンへの隠された道』（弘文堂、一九八八年）第一章「夢テクストの構成――人工妊娠中絶後の心因性嚥下障害（「いざなみ症候群」）の精神療法から」において丁寧に考察され、その後『ラカンの精神分析』（講談社現代新書、一九九五年）の中で再び、今度は「対象a」の事例研究として取り上げられている。新宮氏にとっても重要な意味を持つ事例であったと思われる。

二十五歳、未婚の女性の話。食事が喉につまって入らないという訴え（嚥下障害）で来院したこの女性は、耳鼻咽喉科で検査をしたが異常は見つからず、精神科の治療を開始した。夢分析を行う中で、二年半も前の人工妊娠中絶が、彼女の心の中で強い働きを持っていることが明らかになった。むろん彼女自身は、よもや嚥下障害と昔の妊娠中絶に関連があるとは考えもしなかったが、夢を語り、それをめぐる解釈が行われてゆく中で、彼女の脳裏に記憶がよみがえり、両者の関連が意識されて治療が進み始めたというのである。

実際には六十三の夢が報告されているのだが、そのうちの一つを見る。三つの場面に分かれた長い夢（論文「夢テクストの構成」で紹介された九つの夢のうち、『ラカンの精神分析』で再論された唯一の夢であるから、最も典型的な夢と理解してよいだろう）。

第一場面では、姉がガスコンロを磨いている（これは分娩した赤子を沐浴させる仕草の表象と理解された）。続いて、今度は彼女自身が姉から奪った洗い物をしている（これも同様の仕草と理解された）。「自分がしたのに」と、姉が、じろっと彼女を見た。

第二場面では、男の人が顔に傷を受けながら坂を転げ落ちている（これは赤子が産道を潜り抜けてゆく表象と理解された）。男の人は落ちてゆき、泥の中に消えてしまうが、再び魚やかんざしとなって泥の中から現れた（これは「物を消してまた呼び戻す」反復と理解された）。

第三場面は、舞妓さんの家が舞台になり、時代劇の仇討ちのような場面になる。竹藪のところにいた男の人が「誰かがたくさん一人おきに殺され」、通りから女の人が現れ「子どもが殺された」。竹藪の周りが赤く染まっていて、気持ちの悪い夢と語られた。彼女はここで不安の高まりのために目が覚めている。

新宮氏によれば、これらの夢は「明らかに過去の妊娠中絶という外傷的体験を反復している」。その反復は「在ると無いの交代」、「消失と取り戻しの組み合わせ」として現れ、「子どもがたくさん一人おきに殺された」という夢内容が示す通り、限りなく続いてゆく。重要なのは、これらの夢において「消失した対象」と「取り戻された対象」とが同一ではないという点である。「取り戻された対象」は、洗い物・魚・かんざしなどと形を変え、多様でありながら、しかしすべて「失われた胎児の生命」の代役になっている。

こうした対象（洗い物・魚・かんざし）をラカン理論は「対象ａ」と呼ぶ。同時に「失われた胎児」も「対象ａ」と理解する。「失われた胎児（消失した対象）」は、「洗い物・魚・かんざし（取り戻された対象）」として現れ、そしてまた何度も失われる。そうした意味において「対象ａ」は「失われたもの」なのである。

＊「対象ａ」は「失われた（以前は在ったが今は消え去った）」という点において私たちの欲望を駆り立てる。しかし私たちは決して「対象ａ」を手に入れることはできない。それは常に「失われた」という資格で先送りされ、「対象ａ」に向けられた欲望は満たされることがない。そして、満たされることがないからますます欲望される。「対象ａ」は欠如であるゆえに熱望され続けることになる。

母親の欲望の対象としての私

新宮氏は女性の夢を読み解きながら、体験の背景を次のように再構成する。女性が妊娠した時、彼女の中には無意識的な疑問が生じた。「母は自分を妊娠した時、どう思ってくれたのか」。もし母が自分を大事に思ってくれていたのなら、自分もおなかの子を大切にできる。しかしそうでないなら、おなかの子にどう接してよいのかわからない。

そこで彼女は、わが身を通して、母の気持ちを確かめようとする。おなかの中の子に対する自分の気持ちを通して、母親の自分に対する気持ちを体験しようとしたことになる。

こうした「……に対して持つ気持ち」をラカンは「欲望」という名で呼ぶ。そこで、この女性の出来事は、次のように定式化される。「体内の子どもに対する彼女自身の欲望（A）は、彼女に対する母親の欲望（B）として設立されようとする。欲望の象徴化である」（新宮、一六四頁、A、Bの記号は西平による加筆）。

前者の「欲望A」は、後者の「欲望B」の象徴となる。ということは、この女性にとっては、後者（B）の方が重要である。〈A 体内の子どもに対する彼女自身の欲望（母親としての自分が、おなかの子に対して持つ気持ち）〉は、〈B 彼女に対する母親の欲望（母が、胎児であった自分に対して持っていた気持ち）〉を体験するための、いわば、リトマス試験紙なのである。

彼女にとって何より重要であったのは、母が自分をどう思ってくれたのか。母が妊娠した時、胎児である自分を望んだのか、それとも疎ましく思ったのか。つまり問題は母親の「欲望」の中身を確認することであり、重要なのは「母親の欲望の対象としての私」である。彼女にとって、おなかの子に対する思いは、「母親から大事にされる胎児の自分」を望むこととして成り立っていたことになる。

胎児を「対象a」とすることによって自分も「対象a」になる

言い換えれば、彼女自身が、おなかの中の胎児の位置に入ろうとした（置き換わろうとした）ということである。胎児の位置に入って母からの欲望を受けようとする。しかしその時、実際の胎児がいたのでは、この象徴化（置き換えプロセス）を妨げてしまう。そこで、おなかの中の子は「記号」とならねばならない。胎児を記号とすることができればその記号の中に自分が入る（置き換わる）ことができ、胎児が記号であれば「自分がもはや母の胎内にいないという現実」との齟齬も和らぐ。しかし記号とするとはその実在を「無化する」ということである。自分が胎児の位置に安定して留まるために、胎児を無化する。「失われた対象」、つまり「対象ａ」とする。彼女は、自らが胎児として母親から大事にされるために、胎児を「対象ａ」とする必要があったということである。

＊「胎児を無化するために中絶した」と考える必要はないが、そこに何らかの重なりを見ることは可能だろう。

ところが、面白いことに、その時、彼女自身も「対象ａ」になってしまう。彼女は胎児の位置に入ろうとした（置き換わろうとした）。その胎児は無化され「対象ａ」とならざるを得なかった。彼女は、胎児を「対象ａ」とし、自らその胎児の位置に入ることによって、自分自身も「対象ａ」となってしまう。自分が胎児として母親から大事にされるために、胎児も自分自身も「対象ａ」としてしまったのである。

そうしたメカニズムをラカンの理論は「主体が他者になる」と言い換える。主体は、他者によって「欲望された者」となる必要がある。この女性は、母親から「欲望された者」として生き直す必要があった。そのために主体は他者と化す。彼女は、「彼女を欲望していた母という他者から欲望された他者」となることによって、それを実現した。

＊「主体が他者になる」とは、ある対象に対して主体が持っている関係が、主体に対して他者が持っている関係として、象徴化するということである。一個人が別の象徴によって置き換わるのではない。ある関係が、別の関係によって、置き換えられる。欲望の象徴化である。

「対象ａ」は失われた対象である

さて、このようにして「欲望の象徴化」が成り立つ時、妊娠中絶によっていなくなった胎児への思いは、そのまま「自分に向けられた母親からの欲望」として体験される。失われた子を大切に感じることによって、母の自分に対する思いを感じ取る。母も、同じ感情を、娘である自分に対して持っていた。母も「私」を大切に思っていた。それを確かめることができる。

「こうして、居なくなったおなかの子に対する彼女の欲望が、彼女に対する彼女の母からの欲望として、彼女の中で機能するようになる。主体の欲望が他者の欲望になる。この欲望の変換が実現されるために、胎児は無化される」（一六五頁）。

失われた胎児は「対象ａ」となった。そして彼女自身がその胎児の位置に入ることによって、自らも「対象ａ」となった。〈失われた胎児（対象ａ）に対する彼女の欲望〉は、彼女の中で、〈彼女（対象ａ）に対する母親の欲望〉として機能する。

彼女の欲望は、母親の欲望として体験され、彼女は、他者によって「欲望された者」として生き直すことに成功したように見える。胎児も自分自身も「対象ａ」とすることによって、自分が胎児として母親から大事にされることに成功したように見える。

しかし「対象ａ」は「対象ａ」である限り決して満たされることがない。「対象ａ」は「失われた対象」である。「対象ａ」となった彼女も、決して満たされることはない。あるいは、果てしのない「在ると無いの交代」を繰り返し、「消失と取り戻し」を反復し続けることになる。ラカンによる「対象ａ」の最も重要な規定は「永遠に失われている」ということであった。

＊ ラカンの「対象ａ」はフロイトの「失われた対象」にルーツを持つ。フロイトは『悲哀とメランコリー』の中で最愛の人物との別離・喪失について語る際、亡き人を「人」とは語らず「対象」と呼んだ。亡き人と一体であった残された者にとって、亡き人は「自己の内部に取り入れた対象」である。文字通り、自らの一部を失ったのである。その「失われた対象」が「対象ａ」のルーツである。ところが、喪失体験における「失われた対象」が特定の人によって埋められるのに対して、「対象ａ」は何によって埋められても構わない。「対象ａ」にはその空虚を満たす正解がない。「対象ａ」は「穴や空虚の現前に過ぎない」（『セミネール第十一巻』）（新宮、一四六頁）。そしてその「穴や空虚」は何によって埋められても構わない代わりに、何によっても満たされることはない。「対象ａ」は消え去っていること、失われていること。あたかも虚焦点のような役割を果たすことになる。

＊「対象a」における「非在」は、後に見る「不生《ふしょう》」の位相とは異なる。確かに「対象a」は「失われた対象」であり、その「在る」には「無い」が重なり合っているが、しかし「不生」ではない。「不生」は、「以前在ったが今は消え去った」のではない。一度も「在ったこと」がない。正確には、「在る」と「無い」の対立する地平とは異なる位相を言い当てようとする（本書二三〇頁）。

法廷という場

さて、込み入ったラカンの「対象a」をこのように理解した上で、あらためてファラーチの「語り」を思い出してみる。彼女も自分自身を「対象a」としたのか。あるいは、その語りは「欲望の象徴化」なのか。

一見したところ、新宮氏の事例（以下、女性Sと呼ぶ）と、ファラーチの語りとは、大きく異なっている。まずファラーチは、「胎児の位置に入る」などということは考えていないようにみえる。むしろ彼女は胎児と向き合う（対峙する）。胎児を他者として位置づけ、自らと対決する位置に置く。

あるいはまたファラーチは、「母親から大事にされたい」などとは願わなかった。ファラーチの母親はファラーチを妊娠した時、流産を望んで薬を服用していた。おなかの中の子が、おなかを蹴るという仕方で「生まれてくる」意思表示をしたために、薬の服用をやめたのだという。しかしそうした事実は、ファラーチの「語り」の中であまり大きな意味を持たない。少なくとも「女性S」にとっての「母親」の重要性と比べる時、ファラーチの「語り」には「母親」がほとんど登場しない。ファラーチは胎児の位置に入って母親から大切にされる必要はなかった。したがって、胎児を無化する必要はなく、むしろ胎児を他者として、対決していたように見えるのである。

ところがここで「法廷」という場が問題になる。「イマージュ（夢、幻想）」の舞台は「法廷」であった。法廷は「法の支配する場」であり、原告も被告も法の下に従わなければならない。ということは、ラカンの理論に倣えば、法廷におけるすべての人は「法によって欲望される」対象である。ファラーチのイマージュは、「法廷」という場面を設定した時点において、実は、自らを含めたすべての登場人物を「欲望される対象」として位置づけ直していたことになる。

女性Sが母親から「欲望された者」として生き直すことを求めたのに対して、ファラーチは法から「欲望された者」として生き直すことを求めた。そして、ファラーチの欲望は、〈法廷の欲望として〉実現された。自分自身を〈法という他者にとっての「欲望の対象」として〉経験した。ラカンに倣って言えば、裁くという欲望の対象として自らを経験することによって、法という他者の欲望を、自分の欲望として取り込んだことになる。

それは「象徴界（le symbolique）」の出来事である。ファラーチは一連の混乱の中で「象徴界」の安定を失っていた。土台としていた「象徴界」が崩れ去っていた。だからこそ、彼女のイマージュは「象徴界」を再構築しようと、無意識的に「法廷」を舞台として必要としたのではないか。

＊ ラカンの理論において「象徴界」は、言語と法に代表される構造化された世界である。幼児は、既存の言語（分節体系）や法（道徳体系）に組み込まれる仕方で、自我を形成する。つまり幼児は、既成の構造に「組み込まれる（抑圧される）」仕方で、初めて主体となる。それをラカンは「主体に去勢を課す」と

表現する。なお、既にO・ランクが出生を「去勢（「出生という「原去勢」、すなわち母親からの子どもの分離」）」と理解していた（ランク『出生外傷』二〇―二一頁など）。

よく知られた「鏡像段階」の話と重ねてみれば、鏡像段階以前の乳児は、自らの身体を、まとまりのないバラバラな部分として体験する（手は手として独立し、足は足として独立し、自分の身体の全体像を統一的に把握することができない）。同様に、激しく混乱したファラーチは、自分自身を「統一的に」捉えることができなくなっていた。そして夢をみる。自分自身が登場するイマージュ、あるいは、イマージュを生きようとする。乳児が自分一人で鏡像に同一化するように、自分で自分を納得させようと試みていた。「想像界（l'imaginaire）」の位相である。

ところが、鏡像を前にした乳児は、鏡像に同一化しながら、しかし一人ではそれを自分の身体像として認知できない。誰か他者から「それが君だ」と認めてもらう必要がある。同様にファラーチも「他者」を必要とした。自分を他者によって承認してもらう必要、正確には、自らを上位の審級の下に置くという仕方で「象徴的なものの次元」に位置づけてもらう必要があった。「法廷」という既成の構造の中に自分も胎児も組み込まれる仕方で、「象徴界（le symbolique）」の再設定を望んだと考えることができる。

胎児から欲望された対象になる

ところが、そう考えてみたとき、最後の「失われた胎児（大人の男の声）」の証言は奇妙である。その証言だけが母親（ファラーチ）への直接的な語りかけなのである。裁判長や陪審員はまったく視野に入らず、あたかも母親と二人だけであるかのように、何度も「母さん」と呼びかける。直接「あなた」に向けて語っている。

そう思ってみれば、彼女は、胎児から「欲望された者」として生き直すことを望んだと考えることができる。この「法廷イマージュ」は、「失われた胎児」が母親に向けて語るための舞台設定であった。ファラーチの視点から言えば、他者である胎児が、自発的に、自らの見解を表明する機会。胎児自身が自らの思いを、例えば、「母さん、あなたを恨む」と告発する機会、あるいは「あなたを赦す」と語る機会。

舞台の演出家が胎児にそうしたセリフを語らせるためにシナリオを用意するように、ファラーチのイマージュは、法廷という舞台を設定し、法廷の権威によって、胎児に語らせた。胎児から告発される位置に自分を置く。「告発される」という仕方で胎児から欲望される。「胎児から欲望される対象」としての自分になっている。「母親から欲望される対象」ではなく、「胎児から欲望される対象」として自らを立て直そうとしたことになる。

＊「母さん、あなたを赦す」。ファラーチはその言葉を必要とした。その言葉を自分で納得する（自分で自分を納得させる）ために、彼女の無意識は、これだけ大掛かりな舞台を必要とした。あるいは、そうした舞台設定の全体構図を正確に理解しようとすると、これだけ込み入った話を必要とするということである。

ファラーチは「胎児から欲望される対象」となることによって自らを立て直そうとした。そう理解することによって、ファラーチの語りが少し整理される。もちろん一つの話の筋にすぎない。私たちは次節において、もう一つ、別の話の筋を確認することになる。

Ⅳ―3　「未出現」
――『生まれなかった子どもへの手紙』を読む視点（2）

生まれなかった胎児の声（埴谷雄高『死霊』）

ファラーチの語りにおいて私たちの目を惹きつけたのは「胎児」の語りである。それも「生まれてこなかった胎児」が語るという舞台設定。ところが同じ場面を持つ文学作品がある。現代日本文学に異彩を放つ埴谷雄高『死霊』である。

壮大な長編小説の第七章「最後の審判」の中で、ある人物（首猛夫）の夢の中に、その異母兄弟（言葉を失った矢場徹吾）が現れ、長い夢を見る。つまり夢の中に登場した人物が夢を見るという、その延々と続く夢の話が「最後の審判」という題名のもとに語られてゆく。

……そこは、宇宙開闢以来のすべての生命が、死後にたどり着く場である。そこでは「見つけたぞ！」

という叫びが響き続ける。自分を捕らえ自分を喰うことによって生き延びた相手を見つけては「見つけたぞ！」と糾弾する。しかしその叫んだ者も、実は自分が捕らえて喰った者から「見つけたぞ！」と糾弾される。「まず食ったものがつぎに食われ、そして、そのつぎに食われた者もその前に他を喰っている」。無限の食物連鎖。その頂点に人間が立つとすれば、人間こそが最も糾弾されるべきである。そしてその人間を代表するものとして呼び出されたのがナザレのイエスである。イエスの食べた一匹の魚がイエスを糾弾する。「おお、イエス、お前はこのおれを憶えているかな。いや、お前はおれをまったく憶えてはいまい。だが、おれはそのお前だけは、忘れようとしてもとうてい忘れられず、その日以来、長く長く……ずっとずっと憶えているのだ。」（『埴谷雄高全集　第三巻』講談社、一九九九年、六三九頁）

ガリラヤ湖の魚はイエスを責めるのではない。その魚自身が生あるものを喰ってきた。生きるために喰わざるを得ない悲しみ。その「食わざるを得ぬ生の悲哀」が「原罪」である、とイエスに説く。こうした話が延々と（全集版でおよそ四〇頁）続いたのちに、この作者は「胎児」を登場させる。生まれてこなかった胎児の声。餓死した母親の胎内に閉ざされたまま生を終えた胎児の声である（六六八頁）。胎児のまま生を終えたのであれば、何一つ「生あるもの」を食していない。まして餓死した母親の胎内にいたのであれば、「生あるもの」の殺戮とは無縁ではないか。「ぼくは、母親の胎内にはじめからしまいまでいるのだから、一応、胎児といえるだろうけど、ほんとうにもっと正確にいってみれば、「生の前の生」というわけさ」。そう語りだした胎児は、ガリラヤ湖の魚たちに抗議する。真の悲哀は、喰わざるを得ない悲しみではなく、そもそも「生を受けてしまったこと」である。

何も食わないでしまった胎児のぼくにいわせれば、真の深い悲哀は、……生が生としてまさにはじまったとき、つまり、母親の胎内で何やらが胎児になってしまった時にこそあると思うんだな。……先ほど、食われる悲哀、食う悲哀、食わざるを得ぬ生の悲哀を指して、「原罪」といったようだけど、このぼくにいわせれば、いいかい、こういう恥ずかしさの底の底の底もない悲哀をほかならぬ彼らの胎児に味わわせるところの「子供づくり」こそ、生そのもののなかのまぎれもない「原罪」だと思うよ。（六六九頁）

つまり、子どもを産むことが「原罪」であり、「生を受ける」ことが「悲哀」であると胎児は訴えるのである。

餓死した母親の胎内に閉ざされたまま生を終えた胎児。「「生きたけれど生まれてこない」というほうが僕にはふさわしいかな」とつぶやき、「「死のなかの生」というべきだろうな」とも言い換えるこの胎児の声は、ファラーチの胎児とは違う仕方で、しかしやはり明確に自分の立場を弁《わきま》えている。

「死のなかの生」

さて、このように思想家・埴谷が設定した場面もまた「法廷（最後の審判）」であった。そしてこの場合も「生まれなかった胎児」は証言者として登場し、そもそも「生を受ける」ことが「真の悲哀」であると訴えていた。

ところがファラーチの場合には、その「胎児」に対して「物申す」者はいなかった。母親ファラーチにとっては我が子の声がすべてであって、それ以上、例えば、裁判長が口をはさむことはありえなかった(作品の構成でいえば、胎児の証言をフィナーレとした舞台設定であった)。

それに対して、思想家・埴谷の場合には、その先がある。胎児に向かって物申す「声」、「ひとつの淡い影」が登場するのである。

＊ この「淡い影」が、この世にいた時には一人の精神病者とみなされ病院に収容されていた患者であったことや、彼が特殊な装置を作り上げ、自分の夢の中で自分自身を捉えようとし、その試みに成功して自分自身が「正面にその顔を見せた瞬間」、彼が恐怖に襲われたこと、そして、精神科医が次のようにカルテに書き込んだということは、今は知らなくてもよいことにする。「〈極めて異常な症例。自らの身体のみから発電する独自特殊な自家発電装置の電流によって惹き起こされたところの故意の感電死の自殺。〉」(七〇二頁)

淡い影は胎児に向かってこう諭す。

「何も食わないで「死のなかの生」を生きていた哀れな胎児よ、お前のまことに子供らしい素朴な話はよかった。特に死に瀕したお前の父親がお前をつくってしまったことを、まぎれもない「原罪」とながづけたことはよかったな」(六七二頁)。

しかし「淡い影」によれば、胎児は「死のなかの生」の意味を取り違えている。その本当の意味は「一つの生」が殺戮の上に成り立つということである。

いいかな、胎児よ、そのお前がようやくそのお前自身としてそこにあるのは、四、五億ものにのぼるお前自身の兄弟殺しの凄まじい結果の上にのみなりたっているのだ。……お前のお前自身としての自己確立こそ、お前のまぎれもない兄弟である四、五億の可能性の胎児たちに対する一斉の大殺戮の開始にほかならなかったのだ。……きわめて容易にお前と取り換え可能な四、五億にも及ぶほかのお前の兄弟たちの皆殺しというまことにおびただしいむごたらしさの極みの死の総犠牲の上にのみなりたっているのだ。（六七二—六七三頁）

他の精子たちが生存する可能性。その可能性を抹消することなしには「ひとつの生」が成り立たない。たとえこの世に生まれ出ることも叶わなかった胎児であろうと、その背後には無数の可能性があり、それらの可能性の「皆殺し」があった。

「イエスも釈迦も、彼らが無自覚に食った大きな魚や小さな豆によって弾劾されるのでなく、その遥か前の前に、かつて母親の胎内の深い闇の中でおこなった眼に見えぬ無数の兄弟殺しの大虐殺によってこそ弾劾されねばならぬのだ」（六七四頁）。

確かに胎児は生あるものを食べなかった。しかしそれ以前にすでに、無数の可能性を抹殺してきた。それゆえに弾劾されなければならない。胎児自身の「生まれなかったこと」が悲哀なのではない。あるいは、胎児が生あるものを食べなかったことによって免罪されるわけでもない。無数の虐殺の上に、今「ある」。無数の犠牲の上に「生まれてきた」。それゆえに弾劾されなければならないというのである。

他の可能性を抹殺することによって

この点を埴谷雄高はある重要な文章の中で、「それがそこに存在するというだけで」というフレーズで語っていた（「存在について」『薄明のなかの思想』）。

それがそこに存在するという単純な理由だけで、未出現の何かの出現の決定的な障害になってしまうのですね。……そこに何かが存在することは、怖ろしいことに、もはや決定的に何かを存在させないことにほかならないのですね。（『埴谷雄高全集　第十巻』三九頁）

何かが存在することは何かを「存在させないこと」である。別の何かを「存在させない（出現させない、抑圧・抹消・殺害する）」ことから免れることはできない。自分がここに存在するということは、他の者を「存在させない」ということである。「滅亡させた」ということである。他の者がここに在り得たかもしれない、その可能性を踏み潰して（抹殺して・滅亡させて）初めて、自分がここに存在する。

この問題をカント哲学と重ねる仕方で（そしておそらくはレヴィナスを念頭に）論じた熊野純彦氏の言葉を借りれば、「じぶん自身とはむすうの可能性の抹消の痕跡にほかならない。抑圧された無限の未出現が、じぶん自身の背後で蟠《わだかま》っている」ということになる（熊野純彦『埴谷雄高――夢見るカント』講談社、二〇一〇年、二五九頁）。

「わだかまっている」、表に出ることができず、鬱屈している。無数の抑圧されてしまった可能性が、自分の背後で、鬱屈しながら「未出現」のままに留まっている。

そしてそれは人間の「じぶん」だけの問題ではない。すべての存在が「抑圧された無限の未出現」の上に成り立っている。例えば、出現した宇宙は、無限の未出現の宇宙の一つにすぎない。「この大宇宙は、出現した存在よりむしろ未出現な何かにより多く充ちみちている巨大な見通しがたい容器なのですね」(第十巻、三九頁)。

出現しなかった「未出現」が、背後に、無数に控えている。それらすべての「未出現」を内に秘めた「巨大な見通しがたい容器」を埴谷は「のっぺらぼう」とも言う。「のっぺらぼう」は未出現をすべて呑みこんで、永劫に呟き続ける。出現したものの背後には、未出現が常にまとわり憑《つ》いているというのである。

再び熊野氏の言葉を借りる(数字は西平)。

一、或るものが現に存在すること、すでに出現していることは、他のものの出現、いまだ出現していないものの出現を抑圧する。二、そもそもなにか一定のものが現に出現し、存在していることは、むすうの他の可能性を排除したことの結果である。三、出現それ自体は、その意味で、無限な未出現を抹消した痕跡にほかならない。四、現実的な存在は、むすうの可能的な存在の影を負う。五、いったん出現したもの、現実に存在しているものは、その存在がたんなる偶然的なものにすぎないにしても、一箇の力なのだ。六、その力はしかも、現に出現したものが、可能なものの多くをすでに決定的に排除していることにおいて、その起源に先だってあらかじめ行使されている。七、出現には、さかのぼることのでき

ない過去、記憶されない始原において、未出現の消去が刻印されているのである。(熊野、二三六頁)

あらためて、要点のみ確認すれば、こうなる。
一、何かが「存在する」とは別の何かを抑圧することである。
二、無数の他の可能性を排除した結果である。
三、何かが「在る」とは無限な未出現を抹消した痕跡である。
四、存在するものは、自らが抑圧した無数の可能性の影を負っている。
五、存在することは暴力である。
六、その暴力を消すことはできない。
七、存在する(出現する)ことの内には、未出現の消去が刻印されている。出現することのなかったあらゆる可能性の消去が刻印されている。

その子がいたら私は生まれなかった

先にも見たある学生の報告。母親から流産の話を聞いた時のこと。「もしその子が生まれていたら、私は存在したのか」。その子が生まれていたら、私は生まれなかった。とすれば、その子が生まれなかったおかげで、自分に生まれる機会が来た。そう考えると、申し訳ないけど、その子の死を「心の底から悲しめない」。「その子の死を心の底から悲しめないのは残酷なことなのか？　と悩んでしまった」というのである(本書四一頁)。

すべての誕生は「偶然」である。九鬼の言葉でいえば「離接的偶然」。自分の誕生は、たくさんの可能性（「離接肢」）の中の一つの選択肢にすぎない。しかもこの自分が誕生することには何らの特権的な理由もない。この自分の代わりに他の「自分」が誕生しても何の不思議もない。仮に自分がここに「いる（存在している）」ことに何らかの理由があったとしても、同じ資格において、他の人がここに「いる（存在する）」理由も成り立つ。

九鬼は「あることもでき、ないこともできる」という。「ある」ことの中に「ないことの可能」が含まれている。つまり自分が「生まれてこなかった」可能性を、自分がここに「いる」ことの中に見る。自分がここに「いない」可能性を、自分がここに「いる」実感のただ中に、感じとっている（次節で見る「潜勢力」である）。

この学生も「自分が生まれてこなかった可能性」に直面した。のみならず、「その子が生まれなかったおかげで、私は生まれてきた」という現実に触れている。他の可能性が「出現しなかった（生まれなかった）」おかげで、自分が存在する（生まれてきた）。他の可能性が出現したら、自分は生まれなかった。

ところが思想家・埴谷によれば、それは何ら特殊なことではない。むしろすべての人の背後にそうした事実が潜んでいる。他の可能性を奪って初めて自分がここにいる。自分がここにこうして存在しているのは、他の可能性を壊した結果である。「無数の他の可能性の排除」の上に成り立っている。

あるいは、少し語り方を和らげてみれば、「気がついた時には、もう、いた」という、その「いた（存在している）」の背後に「無数の可能性の抹消」を感じ取る感性。無限の「未出現」の蟠《わだかま》りを感じ取る。「生まれてこなかった者たち」を感じ取る。「生まれてきた子どもたち」の背後に隠れてしまった「生まれてこなかった子どもたち」の声。「生まれてきた子どもたち」によって抑圧され抹消されてしまった「生まれてこなかった無数の子どもたち」の声。

ここに至って私たちは「生まれてこなかった子どもたち」と「生まれてきた子どもたち」とが同じ資格で並ぶ地平を予感する。何も「出現」することのない始原のゼロポイント。いわば、対称性の世界。「生まれてきた子どもたち」だけが特権的に脚光を浴びる非対称性の世界が開始される前の、「生まれてきた子どもたち」と「生まれてこなかった子どもたち」とが同じ仕方で溶け合っていた世界（九鬼で言えば、「ある」ことだけが特権的に優位となる非対称性が生じる以前の、「あることもでき、ないこともできる」地平である）。

「原・未出現」

そうした「出現」以前のゼロポイントは「出現」に対する「未出現」ではない。「出現」も「未出現」も生じる以前の「原・未出現」。（埴谷は「のっぺらぼう」という）。「出現」によって抑圧されてしまった「未出現」が二項対立の片方であったのに対して、「原・未出現」は二項対立が成り立つ以前。「出現」と「未出現」とが共にそこから成り立つ「原・未出現」というゼロポイントである。そのゼロポイントを「不生《ふしょう》」という言葉が言い当てていたことを、私たちは次節で見ることになる。

私たち「生きている者」の視点から見ると、先に逝った者たちは、もういない（非在）。これから生まれてくる将来世代は、まだいない（非在）。そして〈生まれてくることのない者たち〉は、決して来ることがないという意味で、いない。「生まれてきた子どもたち」によって抑圧され抹消されてしまった「生まれてこなかった無数の子どもたち」。実際に出現した者によって抑圧され排除されてしまった「未出現」たち。

しかし私たちは、その先に、〈生きている者〉も〈先に逝った者〉も〈これから来る者〉も〈決して来ることのない者〉も、すべてが溶け合っていた始原の地平を予感する。すべてがそこから生じてきた「原・未出現」というゼロポイント。

そうしたゼロポイントが、実は、私たち「生きている者」の中に、今も「はたらいて」いる。「不生」が「生」の中で「はたらいて」いる。その「はたらき」を、現代イタリアの哲学者アガンベンは「潜勢力」と呼んだ。

では「潜勢力」として「はたらく」とはどういうことなのか。

Ⅳ―4 「生まれてこない」という存在の仕方 ――「不生」（盤珪禅師）と「潜勢力」（アガンベン）

生まれてこない可能性

美しい随筆で知られる九鬼周造。中でも、とりわけ印象的なある短い文章の中に、「可能が可能のままであったところ」という言葉が出てくる。かすかな音、ほのかな香り。少年の日に蓮《はす》の花が開く音を聴いたこと。青年の日に女性の白粉の匂いに魅惑を感じた思い出。

「今日ではすべてが過去に沈んでしまった。そして私は秋になってしめやかな日に庭の木犀《もくせい》の匂を書斎の窓で嗅ぐのを好むようになった。私はただひとりでしみじみと嗅ぐ。そうすると私は遠い遠いところへ運ばれてしまう。私が生れたよりももっと遠いところへ。そこではまだ可能が可能のままであったところへ」（「音と匂」『九鬼周造随筆集』岩波文庫、一九九一年、一四八頁）。

遠い遠い、私が生まれたよりももっと遠いところ。「私」がまだ存在していなかった頃、それどころか、「私」が存在することになるかどうか何も決まっていなかった、父と母とが出会う前。あるいは、父も母もまだ生まれていなかった頃（父母未生以前）。在るかもしれない、無いかもしれない、そのどちらもが同じ重さのまま溶け合っていた透明な時間。私が生まれたよりももっと遠いところ、「可能が可能

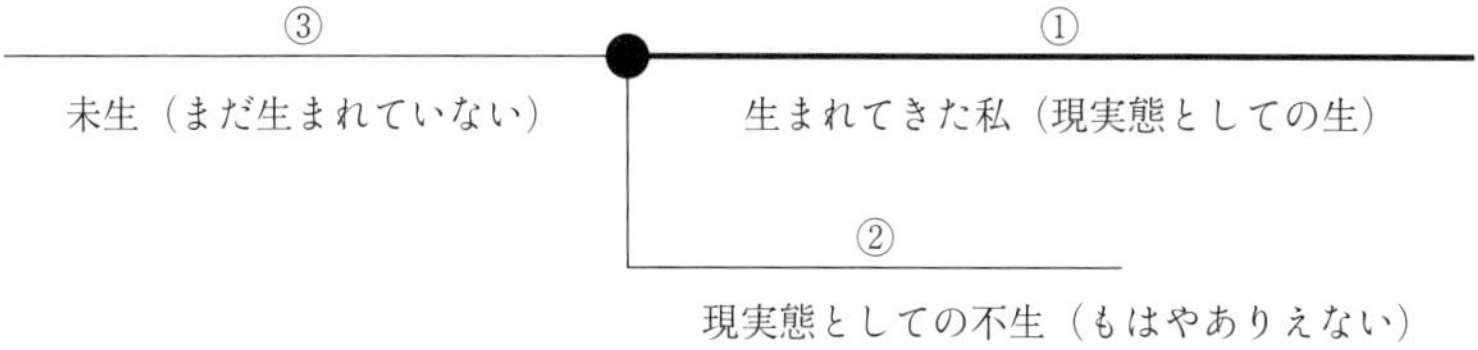

図1

のままであったところ」。

私たちには「生まれない可能性」があった。「生まれてくる」のと同じだけ、「生まれてこない」可能性があった。あるいは、「私が生まれる可能性」と「私が生まれない可能性」とが二つに分かれる前。「私が生まれる」かもしれない、「生まれない」かもしれない、そのどちらもが同じ重さのまま（対称性を崩すことなく）溶け合っていた、可能が可能のままであったところ。

ファラーチの描いた「胎児の証言」は、その分岐点を場面としていた。「生まれてくる」はずだった彼は、ある時、自ら「生まれない」道を選択した。しかしその証言は、私たち「生きている者」に対する証言として、一つの例外として語られていた。「生まれてくる」道が本流であるのに対して、そこから派生した支流としての「生まれない」道。

そしてそれは私たち生きている者にとって理解しやすい話の筋である。私たちは「生まれてきた私①」の過去を遡り、「いまだ私が生まれる以前③」を想定し、その派生として実現することのなかった「私が生まれてこない選択肢②」を思い浮かべる（図1）。

ところが、先に見た学生の言葉は微妙に違った。「自分には生まれないことを選ぶ可能性があったのに、その道を選ばなかった」（本書一八七頁）。

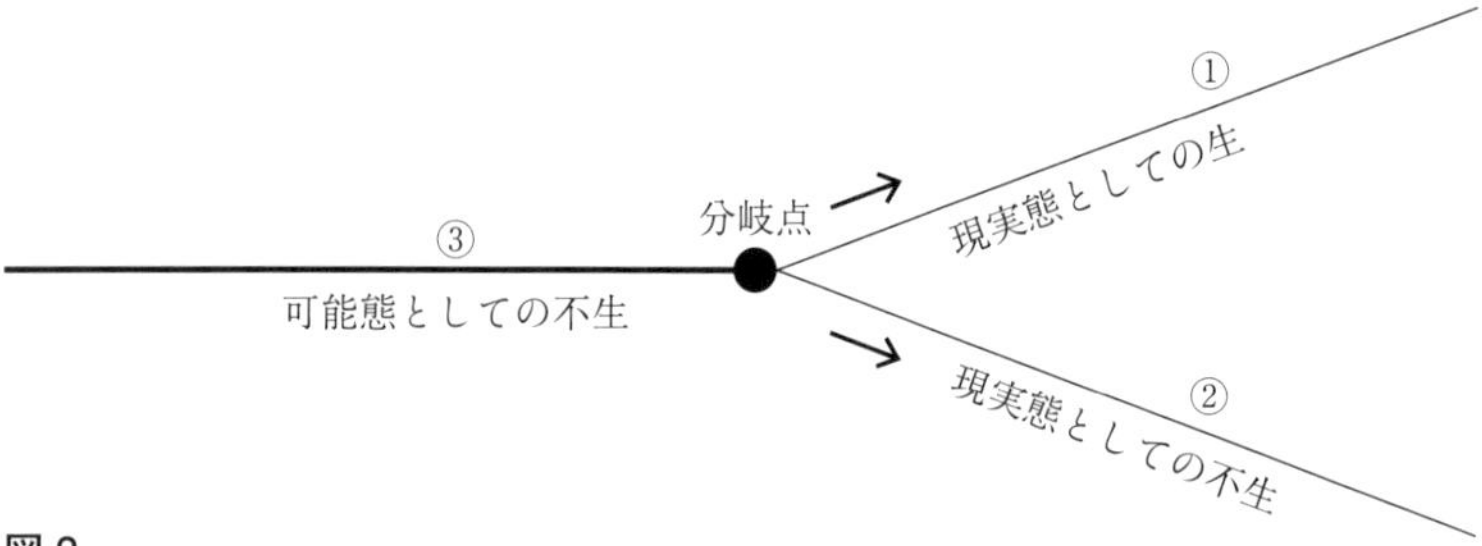

図2

それは分岐点に立つ者の視点である。「生まれる可能性」と「生まれない可能性」とが対等に並んでいる。「生まれないことを選ぶ」可能性が「生まれることを選ぶ」可能性と同じ資格で存在していた。生まれてこない道を選ぶこともできた。しかしその道を選ばなかった。②は支流ではない。①と対等なオールタナティヴなのである（図2）。

芥川の描いた河童の世界も似ていた。「お前はこの世界へ生れて来るかどうか、よく考えた上で返事をしろ」。そう尋ねられた河童の息子は「僕は生れたくはありません」と返事して生まれてこなかった。この息子は分岐点において選択を迫られたことになる。

ところが芥川はその場面をこう続けていた。居合わせた産婆に注射をしてもらった母親（妊婦）は「ほっとしたように太い息を洩らし」、今まで大きかったおなかは「水素瓦斯《ガス》を抜いた風船のようにへたへたと縮んでしまいました」。

ガスを抜いたようにしぼんでゆく。ということは、生まれてくる方が特別なのである。重力に逆らって打ち上げるように、特別にガスを満たすことで初めて生まれてくる（浮き上がる）。それに対して「生まれてこない」道は簡単である。ガスを抜きさえすれば、元に戻るように「生まれてこない」。そうであれば、河童の息子の「僕は生まれたくありません」という

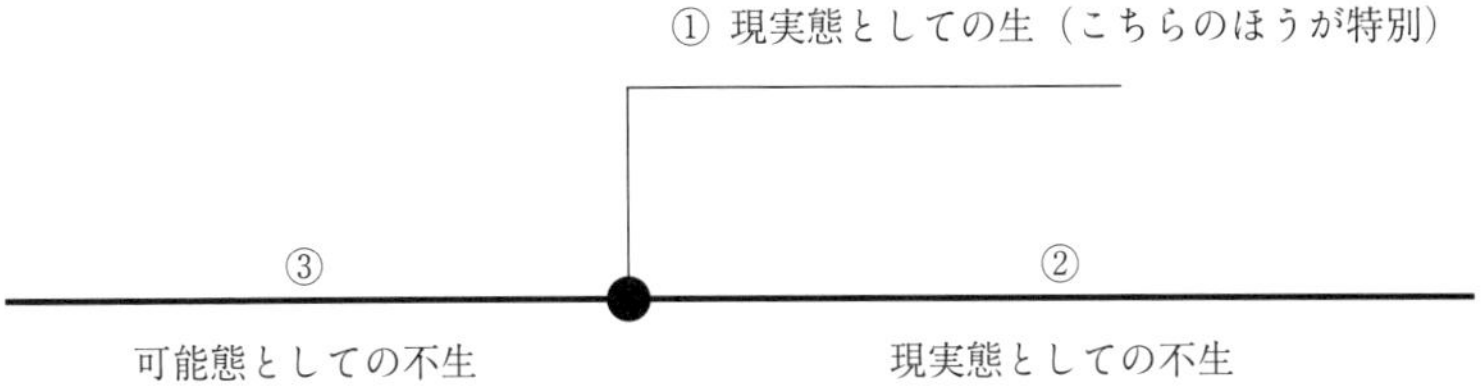

図 3

言葉は、「僕は、無理なことはしません」と読んでもよいことになる。

そして、あらためてファラーチの「胎児の証言」を思い出す。胎児の世界では目的ははっきりしていた。生まれること。では生まれた後の世界では何が目的なのか。無に向かうことなのか。そうであるなら、なぜ、無に向かうために、わざわざ無から出てゆかなければならないのか。胎児はそう語った。

ということは、実は「生まれてこない」地平の方が本流なのではないか。むしろ「生まれる」ことの方が例外的で特別な出来事である。③から②へと伸びた直線が本流としてあり、その支流として「私が生まれてきた」という出来事が生じる。あるいは、私たち「生まれてきた者」の根底に、③から②へと伸びた直線が存在していることになる（図3）。

不生

「不生《ふしょう》」という言葉は江戸期の僧、盤珪《ばんけい》禅師とともに知られている。しかし盤珪の造語ではない。仏教思想の中に繰り返し登場している（『般若経』は「一生不生、即是仏」と語り、あるいは、『中論』もこの言葉を「生じない」という意味で鍵概念とする）。

そうした流れに沿って盤珪も「不生」を「仏心」という。「仏になる、なるより仏のままで居るのがよい」。生まれ持った「仏心」のまま生きる。より正確には、生まれてこなかった時の「仏心」のまま生きる。余計なものを生じさせない。そこで何を聞かれても「不生」。

いかに生きるか、いかに心を整えるか。盤珪禅師はすべて「不生」とだけ答えた。「不生」であれば一切が調うというのである（「不生で居れば、それで万事が埒明《らちあ》く、一切事がととのふ」）。

そうした「不生禅」を高く評価したのが鈴木大拙である（「盤珪の不生禅」『鈴木大拙全集 第一巻』岩波書店、二〇〇〇年）。生まれながらに備えている清浄無垢な心（仏心）。その「仏心」のままに生きる「不生」の位相を大拙は「そのまま禅」と呼んだ。そして「無心」と重ねて理解している（「不生のそのまま禅は、又無心と云ってよい。不生は存在論的だと云えば、無心は心理学的だとも云える。無心なれば不生であり、不生であれば無心である。」（一九六頁））。

しかしここで注目したいのは、鈴木大拙が「不生」を「生死」と対比させて語っている点である。「不生」は生まれることも死ぬこともない。「不生」は「生が死に転ずる機会を失なって、生そのものの永遠性が浮び出るのである」（二二頁）。生の絶対的な肯定である。

しかしそれならば「不死」ではないか。「生の永遠性」を語るなら「不死」と同じではないか。そうした疑問に大拙翁はこう答える。「不死」とは、生きている者が死なないという意味である。それに対して、「不生」はそもそも生まれない。したがって、死ぬことがない。「死なない」のではない、そもそも「生まれない」のである。

「不死」が死の否定であったのに対して、「不生」は死と生の否定である。死ぬこともなく生まれることもないという意味において、「生死」とは異なる「永遠性」である。「生そのものの永遠性」は、「死」

と二項対立的に理解された「生」ではない。むしろ生まれてこないという意味において、仏のままである。生まれる以前の「仏のまま」の位相。その「生まれることがない」位相を盤珪禅師は「不生」と呼んだというのである。

＊ 盤珪の「不生」については、務台理作も「生死を超えたもの」と理解した上で、西田哲学の「場所」と重ね、さらに「不生」を「絶対無」と理解している。「生死を超えたものは生死をはなれてその外にあるのでもないが、生死に纏われてその内にあるのでもない。その内にあらず、外にあらず、これを論理的には絶対無にあるという。或は西田哲学でいうように、絶対矛盾的自己同一にあるのである」（「場所の論理」初出一九四四年、『場所の論理学』、こぶし文庫、一九九六年、二九三頁）。「不生」を西田哲学の中で理解し、「不生」と「生死」との「絶対矛盾的自己同一」を解き明かす仕事は、今後の課題である。

不生――生と死を対立的に見ることの否定

あらためて「不生」の位相を整理しておく。第一に、「不生」は「不死」ではない。「不死」は死の排除である。生と死の対立を前提にその一方を否定しようとする。それに対して「不生」は、死の否定でも生の否定でもなくて、〈生と死を対立的に見ることの否定〉なのである。

第二に、「不生」は「未生」とも違う。「まだ生まれていない」のではない。「未生」は生きている者が過去を遡り、私がいまだ生まれていない時点を言う。それに対して、「不生」は、その私が生まれることのない地平を言い当てようとする。まだ生まれていないのではない。そのままずっと「生まれない」。「私」が存在しない。「死んだ」のではない。「まだ生まれていない」のでもない。私が生まれないまま、ずっと、そのまま「生まれない」という意味において「永遠性」なのである。

＊ そうした「不生」を、既に存在している私たちが捉えることはできるのか。まして言葉で語ることは許されるのか。「現前しえない」ものを「再現前させて（表象して）」いるのではないか。そうした原理的な批判についての詳細な検討は今後の課題とするが、さしあたり本書は、「子どもの頃の不思議」を手掛かりとすることによって「不生」の地平に触れようとする。「私という現象が生じることのない地平」が姿を現す場としての子どもの頃のインファンティアを手掛かりとするということである。

第三に、「不生」は「非在」とも違う。「死んだ後」の非在も「誕生する前」の非在も、どちらも「私」がいないという意味で「非在」である。ということはどちらも共に「私」の存在を前提に語っていたことになる。一方は、私が死んだ、他方は、私がまだ生まれていない。いずれも「私がいない」という意味において、実は「私」の存在を前提にしていた。

それに対して「不生」においては、その「私」が生じない。私が生じないまま、ずっと「生まれない」地平を言い当てようとする。「死んでしまった（死後）」ではない。「まだ生まれていない（誕生前）」でもない。そもそも生まれるということがない。「生まれてこなかった」、そして「今後も生まれることがない」。その地平は「私」によって分断されることがない。「私」の存在によって、〈それ以前〉と〈それ以後〉とに分断されてしまうことのない持続の位相なのである。

生まれない、ということは死ぬこともない。そうした意味における「生まれない」という存在の仕方。正確には、「存在する」と語ったとたん捉えそこねてしまうような位相。

＊　夏目漱石は「生死の超越」を課題とした。「生死に囚《とら》われない」こと。例えば、『行人』の一節。「根本義は死んでも生きても同じ事にならなければ、何うしても安心は得られない。……僕は是非とも生死を超越しなければ駄目だと思う」（「塵労」四十四）。むろん漱石が「不生」で納得するとは思えないが、盤珪の「不生」は「生死」を超越する。生死に囚われない地平を言い当てようとしている。

先の図を思い出してみる。盤珪の理解は図3（二二七頁）に近い。不生が生の根底にある。そして盤珪は②と③を共に「不生」と呼んでいたことになる。生の土台としての不生。では一体「不生②」と「不生③」はどう違うのか。

一言で言えば、「現実態」と「可能態」との違いである。「不生②」は「現実態」である。「現実態としての生①」と対になる「現実態としての不生②」。この二つの現実態（①と②）が両立することはない。それに対して「不生③」は可能態である。①と②に分岐する以前の、両者を可能性として内に含んだ「可能態としての不生③」。

九鬼が語った「可能が可能のままであったところ」は、さしあたり、こうした「可能態としての不生」と理解されてよいことになる。

潜勢力 potenza

しかしながら、以上の理解は（当然のことのように）「現実態」と「可能態」との対立を前提にしていた。すなわち、可能態は現実態に移行した時点で消滅する。可能態と現実態は両立しない。それは私たちの常識でもある。「生まれないこともできる」という可能性は、「生まれた」という事実と同時に消滅する。「生きている者」にはもはや「生まれないこともできる」という可能性は残されていない。私たちは普通そう理解している。

ところが、現代イタリアの哲学者ジョルジョ・アガンベンは、「潜勢力 potenza」という言葉によって、この「可能態と現実態の対立」を超えようとする。「潜勢力」は、現勢力の中に「はたらく」というのである（「思考の潜勢力」『思考の潜勢力――論文と講演』高桑和巳訳、月曜社、二〇〇九年、G. Agamben, *La potenza del pensiero: saggi e conferenze*, Vicenza:neri pozza, 2005）。

＊「潜勢力」の原語 potenza はアリストテレスのギリシア語 dynamis の訳語である。本書は、アガンベンによって解釈された dynamis を「潜勢力 potenza」と呼び、「可能態（従来の dynamis の訳語）」から区別する。同様に、アガンベンによって解釈された energeia を「現勢力 atto」と呼び、「現実態（従来の energeia の訳語）」から区別する。

あらかじめ「不生」の話に置き換えて整理してみれば、「潜勢力としての不生」は、「生きている私たちの現勢力」の中に今も働いている。「現実態としての不生②」でもなく、「可能態しての不生③」でもない。「潜勢力としての不生」という新しい理解である。

＊　不生の思想と今日のアクチュアルな問題（例えば、生殖医療）との関連については、拙論「「ジェネレイショナル・ケア」の危機と「不生」のゼロポイント――教育・臨床・哲学のフィールド」（『理想』第六九四号、特集：教育・臨床・哲学のアクチュアリティ、理想社、二〇一五年）で大まかなスケッチを試みたことがある。

では一体「潜勢力 potenza」とはどういう「存在の仕方」なのか（あるいは「存在する」とは違う出来事であるのか）。アガンベンによれば「潜勢力 potenza」は「現勢力 atto」と両立する。少なくとも、現勢力の「前段階」ではない。「潜勢力」は、現勢力に移行した後に消えてしまうわけではなく、現勢力に服従するわけでもない。むしろ「現勢力に移行しないこともできる」という意味において、独立した存在の仕方として理解されなくてはならない。

アガンベンはピアノの名手を例にして説明する。ピアノの名手はピアノを弾くこともできるし、弾かないこともできる。その「弾かない」は、〈ピアノを弾くことができない人〉が「弾かない」のとは違う。名手の場合は、弾かない時も、演奏の潜勢力を維持している。

この意味における「……しないことができる」状態をアガンベンは「非の潜勢力 adynamia」と呼ぶ。そして「あらゆる潜勢力は非の潜勢力である 0gni Potenza è inpotenza」と言う。つまり、アガンベンによって解釈された dynamis は、「存在することができる潜勢力であると同時に存在しないことができる潜勢力」なのである（『思考の潜勢力』三四三頁、pag.289）。
「人間とはすぐれて潜勢力の次元を生きる生き物、すなわち、為すことも為さないこともできる次元に存在している生き物である。……潜勢力は、すべて、同時に初めから、非の潜勢力である」（同書、三四四頁、pag.290）。

つまり、「不生」で言い換えれば、「生まれることも生まれないこともできる次元に存在している生き物」である。生まれたという事実によって「潜勢力としての不生」が消えることはない。「生まれた（生きている）」にもかかわらず、「生まれることも生まれないこともできる次元」に存在している。

ということは、「生まれた（生きている）」ということの「現実態 energeia」も修正されなくてはならない。アガンベンは「生まれることも生まれないこともできる次元」に存在するという意味の「生きている」を「現勢力 atto」と呼ぶ。「現勢力」は「潜勢力」と両立する。「現実態」と「可能態」は互いに相容れないが、「現勢力 atto」と「潜勢力 potenza」は両立する。むしろ分離できない。「限界においては、純粋な潜勢力と純粋な現勢力は見分けられない。Al limite, potenza pura e atto puro sono indiscernibili.」（『ホモ・サケル――主権権力と剝き出しの生』高桑和己訳、以文社、二〇〇三年、七二頁、G. Agamben, *Homo sacer*, Einaudi, 1995, pag.54）。

つまり、アガンベンは、「潜勢力」と「現勢力」の分離を前提とした上でその関係を問題にしたのではなくて、むしろ〈そのまま現勢力でもあるような潜勢力〉を思考する。「存在しないこともできるということによって、現勢力との関係を維持するという潜勢力の構造」（同書、七二頁、pag.54）。より正確に理解すれば、〈「存在することもでき存在しないこともできる」という仕方で、現勢力との関係を維持する潜勢力〉の在り方。

＊「インファンティア」も同様である。インファンティアは言葉にならない。しかし言葉になることによって消えてしまうわけではない。むしろインファンティアは言葉の根底に（潜勢力として）常にはたらいており、言葉にならないこともできるという仕方で「現勢力としての言葉」との関係を維持している。あるいはむしろ、そういう仕方で、言葉を、現実態ではない、現勢力にしている。「潜勢力としての不生」も現実態にならない。そして「現実態にならない不生」と関係を持つことによって、「生」の在り方が変容する。「生＝生きていること」が固く閉ざされた「現実態」ではなく「現勢力」になる。

「潜勢力としての不生」は「現実態としての生」の中でも保存される。消滅しない。「現勢力 atto としての生」の中で、「潜勢力 potenza としての不生」が今も働いている。存在するという仕方で「現実態」になってしまうのでもなく、存在しないという仕方で「現実態」になるのでもない。現実態の「存在している」とは異なる仕方で、むしろ「存在することも存在しないこともできる」という仕方で、現勢力との関係を維持し続ける。あるいはむしろ、そういう仕方で「生」が現実態になることを防ぎ、「生」を「現勢力」にしている。

「生まれないことができる」という「非の潜勢力」

そうした「存在しないことができるという潜勢力」、すなわち「非の潜勢力」についてアガンベンはこうも語っている（訳者の高桑和巳氏は、adynamia と inpotenza と potenza di non のすべてに「非の潜勢力」という同一の訳語を当てている）。

存在しないことができるという潜勢力があらゆる潜勢力に本源的に属しているのであれば、次のようになるだろう。すなわち、現勢力へと移行するときに、自体的な非の潜勢力 la propria potenza di non を単に取り消すのでも、それを現勢力の背後に放置するのでもなく、自体的な非の潜勢力を現勢力へとそのまま全面的に移行させ la farà passare integralmente in esso come tale、つまりは現勢力へと移行しないのではないことができるもの non-non passare all'atto、これこそが真に潜勢力をもっているものである。（『思考の潜勢力』三四八―三四九頁、pag.294）

この理解しにくい命題は、「不生」において、次のように読み直すことができる。

一、生（現勢力）へと移行しても「不生」は消えない。「生まれる」ことによって「不生」が消えてしまうわけではない。

二、「生」の背後に放置するのでもない。「不生」が「生」によって抑圧されるのでもない。

三、「不生」は「生」へとそのまま全面的に（integralmente 全部含めて、ひとつ残らず）移行する。「不生」と抱き合わせであるような「生」。

四、「不生」の潜勢力は、「生まれないことができる」という意味で「非の潜勢力」である。「生まれてこない」は「生まれた」ことによって消えてしまわない。「生」の内側に残っている。「不生」の潜勢力は「現勢力としての生」の中に今も働いている。

こうして「潜勢力 potenza」は「現勢力 atto」の中に「はたらいている」。しかし潜勢力が独立して姿を見せることはない。潜勢力は、現実態が存在するのと同じ仕方で「存在する」ことはない。しかし現勢力に従属するわけではない。その「はたらき」が「生」を「現勢力」たらしめている。

＊『ホモ・サケル』の冒頭では「ビオス」と「ゾーエー」との関係が語られる。ビオスはゾーエーを基盤とする。ビオスにとって、ゾーエーはどこにもない、と同時に、どこにでもある。ビオスによって、ゾーエーは排除される。にもかかわらず、ビオスによって排除されることで、ビオスに包摂される。「基盤とする」とは、そうした排除と包摂の絡み合いを含んでいる。「生」も「不生」を基盤とする。「生」も「不生」を排除し、しかし「不生」によって包摂される。

「生」の中に「不生」を感じる

「可能が可能のままであったところ」。九鬼はそう語った。在るかもしれない、無いかもしれない、そのどちらもが同じ重さのまま溶け合っていた透明な地平。それは確かに思い出の中の「遠いところ」であったには違いないのだが、「潜勢力」の議論を重ねてみれば、そこで九鬼が見ていたのは、単なる過去の可能性ではなかったはずである。「潜勢力」として、今まさに働いている地平。秋の日の木犀の香りの中に「潜勢力」が働いている。九鬼はその出来事に触れていた。

あるいは、埴谷雄高は「未出現」と語り、「原・未出現」と語った。〈生きている者〉も〈先に逝った者〉も〈これから来る者〉も〈決して来ることのない者〉も、すべてが溶け合っていた始原の地平。その始原の地平が「潜勢力」として今も働いている。「生きている者」たちの基盤を成している。その出来事が壮大な思想書『死霊』の通奏低音であった。

「語られた言葉」の背後に無数の「語られなかった言葉」がある。「語られなかった言葉」は「語られた言葉」の基盤である。その「語られなかった言葉」を「語られた言葉」の内に感じることができるかどうか。「不生」を「生」の中に感じることができるかどうか。

インテルメッツォ 4

ライフサイクルの四つのモデル

人生の「始め」とはどういうことか。そして「終わり」とはどういうことか。「始め」と「終わり」の意味合いは、その前提をなすライフサイクル・モデルによって大きく異なる。暫定的に四つのモデルを想定してみる。

一、直線モデル

「誕生前」は「いない（非在）」。存在していなかった（生まれていなかった）。他方、死後は、「もういない」という意味で「いない（非在）」。つまり、二つの非在に挟まれている。というより「二つの非在に挟まれた」という理解は、こうした直線的ライフサイクル・モデルを前提としていたということである。

二、U字モデル

この地上にやってきて、しばし滞在した後、「元いたところ」に帰りゆく。海のかなたの「ニライカナイ」、奥深い山の中の「異界」、あるいは、「神の御許《みもと》」。いずれにせよ、日常世界から見ると「外部」に位置する「元いたところ」に帰ってゆくことになる。

＊　日本列島に住む人々は古来そうした「元いたところ」に死者の行く先を見ることが多かった。佐藤正英氏は総称して「原郷世界」と呼ぶ（佐藤正英『日本倫理思想史』東京大学出版会、二〇〇三年）。元々そちらにいた。こちらの世界は仮の宿り。今はこちらの方が慣れ親しんでいる「内部」であるとしても、実は「外部」の方こそが故郷である。原郷世界からやってきて原郷世界に還ってゆく。日本民俗学が教える「タマ」を思ってみれば、土着の民間信仰においては、タマが付着することによって「生き」、タマが遊離することによって「死ぬ」。この「タマ」

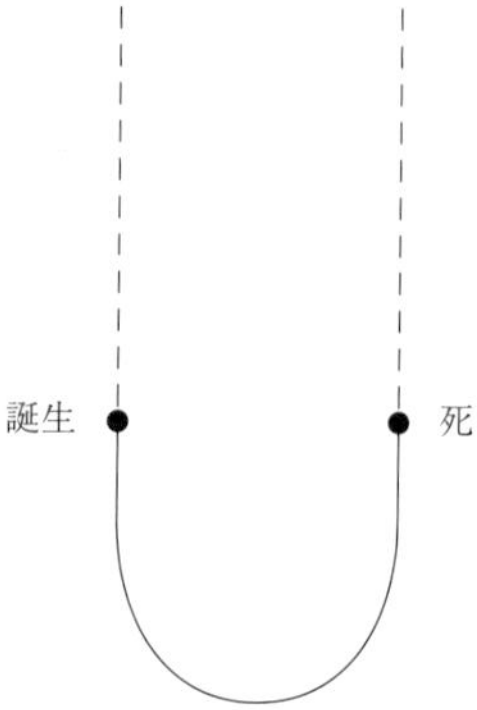

は「転生する主体」とは違う。過去世―現世―来世と直線的に進むのではなく、この世とあの世を双方向的に行き来する。振り子のように反復し、可逆的に入れ替わるのである（拙論「めぐる時間・めぐる人生――「輪廻とは異なるめぐる時間」の諸相」（『岩波講座　日本の思想　第五巻』岩波書店、二〇一三年）。

三、波型（転生）モデル

来て還り、再び来て還るを繰り返す。プラトン『国家』が語る魂の転生も、シュタイナー人智学が描く魂の転生もこのモデルに属する。重要なのはこのモデルにおいて「誕生」がゼロからのスタートではないという点である。何らか「前の生」の課題を引き継いでいる。さらに、単に「来て還る（反復）」のではない、この繰り返しを通して「魂が浄化され」、何度も繰り返すことによって「魂の成長」が期待されている。ということは、このモデルの果てに位置するその「開始」についての巨大な形而上学の問いが控えているこ

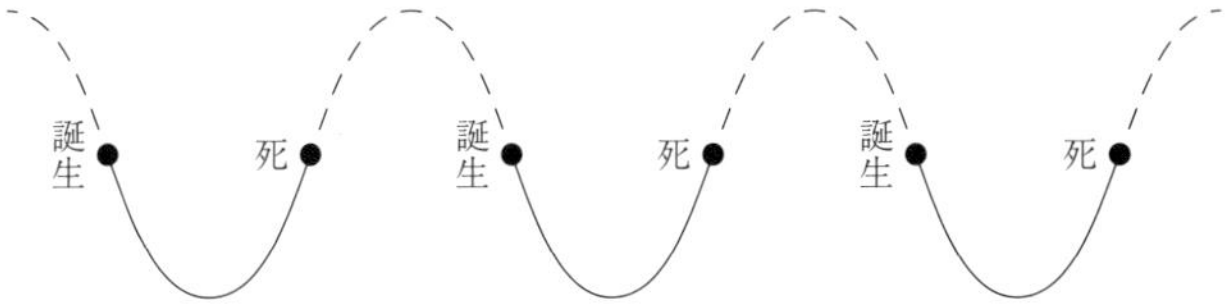

とになる。

＊　転生モデルについては、例えば、拙著『シュタイナー入門』（講談社現代新書、一九九九年）、拙論「ライフサイクルの二重性――矛盾・逆説・循環」、武川正吾・西平直編『シリーズ死生学 第三巻　ライフサイクルと死』（東京大学出版会、二〇〇八年）など。

四、円環（輪廻）モデル

最も典型的には仏教思想における「四有」という考え方である（『倶舎論』）。人は四つの異なる「有（存在の仕方）」を通過する。誕生の時の「生有」、誕生から死までの「本有」、死んでゆく時の「死有」、そして死後、次の誕生（転生）までの期間の「中有（中陰）」である。重要なのは、このモデルにおいては、生まれる前は「中有」にいたということ、そして、死んだ後もまた「中有」にゆくという点である。つまり、死んだ後の「中有」は「次の人生の生まれる前」。「直線モ

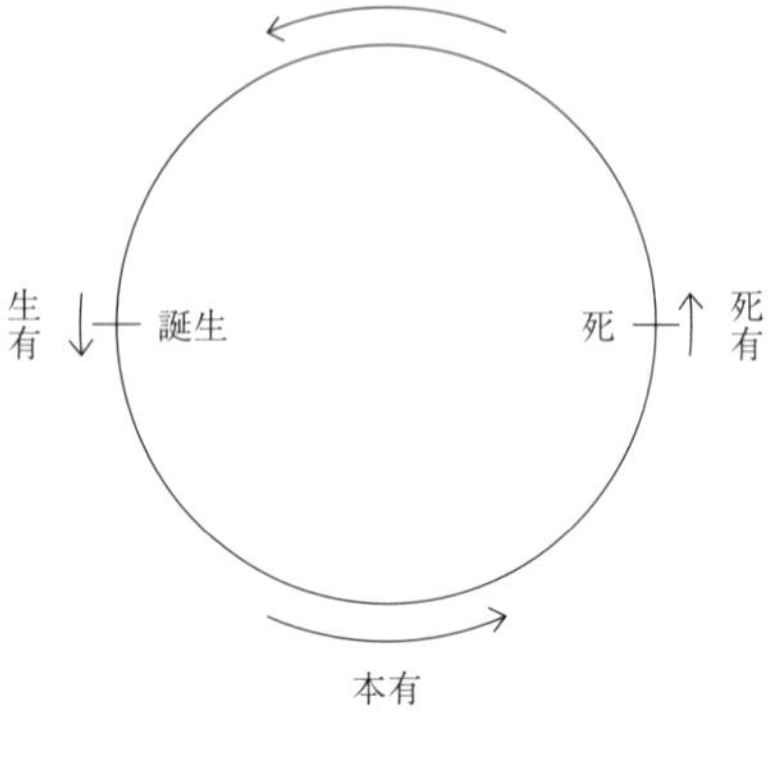

デル」で言う「誕生前の非在」と「死後の非在」が同じ「中有」として理解されることになる。

＊ 古代インドにおける輪廻の死生観を典型的に語るのは、世親《ヴァスバンドゥ》『倶舎論（阿毘達磨倶舎論）』第三章「世間品」である。山口益・舟橋一哉『倶舎論の原典解明——世間品』（法蔵館、一九五五年）。入門的な解説としては、丸山浩・護山真也「インド——輪廻思想の種々層」（関根清三編『死生観と生命倫理』東京大学出版会、一九九九年）。なお、以上の四つのモデルを人類の精神史に沿って丁寧に検討する課題は今後の課題であるが、さしあたり、前掲拙論のほか、拙著『魂のライフサイクル——ユング・ウィルバー・シュタイナー』（東京大学出版会、一九九七年）など。

さて、こうした四つのモデルに即して、「誕生」という出来事がそれぞれ違った意味において理解される。

一、直線モデルでは、誕生とは「いない（非在）」から「いる（存在）」が生じる出来事である。では「いない」とはどういうことか、「私がいない」とはどういうことか。本書はその問題を掘り下げたことになる。

二、U字モデルでは、誕生は「やってくる」ことである。誕生前も「いなかった」のではない。別の場所に（原郷世界に）、別の仕方で存在していた。あるいは、誕生するとは、別々に分離していたものが一体になり、このからだの中に入ることである。

三、波型モデルでは、誕生は「繰り返しやってくる」ことである。たとえプラトンが語るように人は誕生と同時に「忘却の河《レーテー》」を通過し、それまでの経験を忘れてしまうとしても、魂は何らか「前の人生」から影響を受けている。それを「業《カルマ》」と呼ぶとき既に「輪廻」の思想に近くなるのだが、しかしこの波型モデルは「解脱」を求めることなく、ひたすら転生を繰り返すことによって「魂の浄化」を願うことになる。

四、円環モデルにおいても、誕生は「再びやってくる」ことである。「前の生」のカルマを背負い、その課題を果たすべく、この地上にやってくる。中有にいた「魂」が再び地上に生まれ変わる方向を向く時から、「生有」という人間存在の特殊な一つの存在様式が始まることになる。

＊ 前掲『倶舎論』の「中有から次の人生に移る」場面は、中有の状態にある者が、男女の性交渉を目撃するところから始まる。その際、母となる女性に愛欲を起こし父親に嫉妬する者は男性として生まれ、父となる男性に愛欲を起こし母親に嫉妬する者は女性として生まれるという、フロイトのエディプス理論を先取りしたような記述がみられる。さらに、受胎直後の胎児は「カララ」と呼ばれ、七日ごとに、「アッブダ」、「ペーシー」、「グァナ」、「パサーカー（四肢への分化が始まる状態）」と五段階を経て生まれてくるという。

本書はこうした多様なライフサイクル・モデルを等しく論じることはない。「直線モデル」を前提にして、二つの「いない」に挟まれた「いる」を見る。正確には、二つの「いない」を掘り下げることによって「今・ここに・いる」不思議に光を当てようとしてきたことになる。

私たちは、どういうわけか、生まれてきた。自分で選んだのではなく、気がついた時には既に生まれていた。このからだの中にいた。そもそも存在しないこともありえたはずなのに、気がついた時には、すでに、生きていた。そうした語りを「直線モデル」の中で考えようとしてきたことになる。

エピローグ　自分が生まれてこないこともありえた
——「自分がいる」ということ

自分が生まれてこない

子どもの頃、「自分が・ここに・いる」という不思議を感じながら、ふとした拍子に、「自分は生まれてこないこともありえた」という思いにとり憑かれることがあった。学生たちの報告にも時々そうした体験が見られる。「自分が生まれてこない自分の家族」を想像してみたり、「自分がいなくても世界が今と何も変わらずに回っている」ことを考えてみたり。

私の記憶ではそうした「思い」は長続きしなかった。ある時、何かのはずみで、そうした思いが湧き起こってくることは確かなのだが、しかし、いつも煙のように消えてしまう。時には痛みに近い衝撃をもって「自分が生まれないこともありえた」と感じるのだが、さて、あらためて考えてみようとしても、もう「衝撃」はない。むしろ、「自分が生まれないこともありえた」という言葉があの「空白」を言い当てているのかどうか、それすら確かめようがなかったと言うべきなのかもしれない。にもかかわらず、また何かの拍子に「空白」が来て、自分は、いなかったかもしれないのに、「ここにいる」ということが不思議に感じられた。

茫漠とした不思議

あの頃、本当は何を感じていたのか。「自分」に対する違和感だったのか。歯の生え始めた乳児が自分の歯を疎ましく感じるように、内側に湧き起ってきた「自分」に戸惑っていたのだろうか。深刻に悩んだわけではない。ただ時々、予期せぬ仕方で、なぜここにいるのか、不思議になった。

ところが、どういうわけか、その不思議は「死んだらどこにゆくのか」という問いとして記憶されることになった。おそらく自分が「いなくなる」不思議の方が、「いる」不思議よりも、記憶に残りやすかったのだろう。

それに対して、「生まれる前」の「いない」を不思議に感じた覚えはない。生まれる前も存在していなかった。にもかかわらず「生まれる前」を不思議に感じたことはなかった。自分が「生まれる前」について考えたことがないという事実に気がついたのは、かなり大人になってからのことである。

精子と卵子の結合の話を聞いたのは、いつの頃だったのか。生殖の仕組みとしてはそれなりに納得したものの、しかし、いざ自分自身のこととなると、どうやってその受精卵の中に「この私」が入りこんだのか、よくわからなかった。○・一ミリという「点」が分割しながら徐々に大きくなって胎児となり「この私」になった。何度かその道筋を思い描いてみようとするのだが、そのつど「滑り落ちて」しまう。あるいは、どこかで、そうした思考実験の不可能を予感していたのだろうか。「この私」の起源を

「この私」が確認することはできない。「私」という現象の起源に辿り着くことはできない。今から思えば、そうした事の次第をぼんやりと予感していたのかもしれない。

しかしいつもそのように感じていたわけではなかった。ある時期は、まったく逆に、「自分は来た」という思いを強くした。どこから来たのか、それは問題にならずに、ともかく「自分は地上にやってきた」という鮮明な感覚がやってきて、大抵、静かな喜びと結びついていた（シュタイナー人智学はそうした感覚の延長上に親しく感じられた）。

また、ある時期には、「たまたま偶然」という思いを強くした。そして「自分の代わりに自分とは違う別の人が生まれた世界」を思い浮かべた。この「私の代わりに誕生したであろう人物」という想像も、子どもの頃の私に混乱をもたらした。もちろん明確に事態を把握できたわけではないのだが、およそ、この「自分」が生まれてきたために「その人」は生まれることがなく、「その人」が生まれていたら「自分」は生まれることがなかったという、いわば「両立不可能性」を、身体感覚として、体験していたことになる（後年出会った「未出現」の思想を私はこの感覚の延長上に理解した）。

＊

私の父は双子である。双子は遺伝するというから、私の母も双子を期待されていた。私は自分が双子ではなく一人であることをたびたび思った。おそらく父に同一化するたびに、父には（同じ顔をした仲のよい）双子の兄弟がいるのに、自分にはいないということを、無意識のうちに感じたのかもしれない。なお、その（いたかもしれない）双子の片割れを求めた記憶はないが、「アンドロギュノス」（プラトン）の話はとても親しく感じられた。

私は偶然によって生まれてきた。誕生するのが「この私」であらねばならない必然性はなかった。生まれてくるのが誰であるかは重要ではなかった。子どもの頃もそう考えていたのか、それとも、これも事後説明にすぎないのか、今となっては判断がつかない。

「生まれてきた不思議」と「生まれてこなかった不思議」

こうした茫漠とした不思議を抱えたまま大人になった者が、では一体、他の人たちは子どもの頃どんなことを考えていたのか、いろいろ話を聞いてみたくなり、毎年やってくる学生たちから話を聴き続けてきた、その一端が、この本である。

そして見てきたように、学生たちも子どもの頃、何らかの機会に「生まれてきた不思議」に触れていた。あるいは「自分がいる」ことを不思議に感じていた。むろんこの場合もまた、記憶や回想によって脚色されている可能性は承知の上で、しかしそうした報告は、私たちに様々な場面を思い起こさせることになった。

例えば、「夭折した姉」の話（第I章、三七頁）。自分が生まれてきた時にはすでに亡くなっていた「姉」。祖父や叔父の写真と並んで飾られていた「赤ん坊」の写真が、自分の「姉」であるということがうまく理解できなかったという報告。

あるいは、生まれてこなかった「妹」の話。「妹といってもまだ胎児で、妊娠八カ月だった母もかなり危ない状態だった」。その妹が「お母さんのいのちを助けてくれた」。お母さんの命は助かるように妹が代わってくれたという記憶。

そうした言葉に耳を傾ける時、私たちは「生まれてこなかった者たち」の微《かす》かな声を予感する。そして「誕生しなかった」のみならず、「存在することのなかった（未出現の）者たち」を、おぼろげながら予感する。「生まれてこなかった不思議」。正確には、「生まれてきた不思議」と「生まれてこなかった不思議」が同じ切なさを持って体験される地平。そうした地平から少しだけ、本書の考察を振り返って終わることにする。

「生まれてこなかった不思議」の地平から

人は子どもの頃、事態がよく摑めぬまま、ある時、一瞬「核心」に触れてしまう。正確には、大人たちのコトバにおいては「核心」とされる問題に、おそらく他の雑多な不思議とあまり違わぬ仕方で、出会ってしまう。

「子どもが最初に関心を持つのは、科学的知識よりも、実存的、存在論的、形而上学的問いである」（本書七七頁）。しかし正確には、子どもたちは「科学的知識」から区別された「実存的、存在論的、形而上学問い」に関心を持つわけではなくて、その両者の区別がない（未分化なまま混沌とした）地平に関心を持つ。

＊「子どもが実存的、存在論的、形而上学問いに関心を持つなどということは想像もしたことがない大人たち」の理解を促すためには、こうした語りも効果的なのだろうが、しかしそれをもって、ことさら「子

ども」と「哲学」を結びつけ、「子どもは哲学者」と騒ぎ立てる必要はないように思われる。子どもたちの関心は「科学」と「哲学」に区別される以前の（未分化な）「不思議」である。

本書は、確かに、「存在の問いが生じる場所としての子どもの頃」に焦点を当ててきた。そしてそこに姿を見せた小さな不思議を、大人のコトバによって拡大し、その不思議の深みを探ろうとしてきた。しかし大人のコトバに定着させることが目的ではなかった。むしろ子どもの頃の不思議に立ち止まるために、危険を承知の上で、一度、大人のコトバを手掛かりとしたにすぎない。いわば、一度行き過ぎた後、あらためて戻ってくる仕方で「子どもの頃の不思議」に出会い直してみたいと思ったのである。

大人のコトバに従って、私たちは、いくつかの位相を区別してきた。

一、「赤ちゃんの誕生」と「自分自身の出生」

私たちは「赤ちゃんの誕生」をめぐる問いと「自分自身の出生」をめぐる問いの違いを見た。生殖のメカニズムとして見る限り、「赤ちゃんの誕生」は理解される。それは「性の知識」と結びついた「科学的」な知識。ある程度までは技術によって操作可能となった出来事。

ところが「自分自身の出生」はそう簡単ではない。性の知識で説明されても腑に落ちない。自分がどこから来たのか、なぜ来たのか、なぜこの家の子どもになったのか。

そして「自分自身の出生」の問いは、おそらくその問い自身の内に「私という現象の起源」の探究を含むことによって一層複雑になる。「受精卵という生物学的存在」の中に「私という現象」が開始される。その出来事も不思議なのだが、おそらくそれ以上に、「私という現象」の起源を（私自身が）探り当てようとする（無謀な）営みが、さらなる不思議を創り出す。自分では自分を産むことができない。自分では自分の起源を探り当てることができない。むしろ「自分」が成り立つ以前の地平。その地平を「自分」が想像することに含まれる困難である。

例えば、アレントは誕生を「始まり」と理解した（一五一頁以下）。しかしその「始まり」は、正確には、「私が……を始める」という意味で理解されてはならなかったことになる。むしろまだ「私」が成り立っていない地平の出来事。その意味において私たちは「始まり」の現場に居合わせることができない。後から振り返って（事後的に）かろうじて、始まりの現場を構成するのみ、正確には、そのように始まりを構成することによって、「始まり」そのものに至ることの不可能を味わうのみである。

そのように理解した上で、しかし、本書の問いは「自分の始まり」ではなかった。本書は「私の起源」を問うのではない。そうではなくて、「〈自分の始まりはどこか〉と探究する子どもたちはいかなる不思議を体験しているのか」。その不思議を「インファンティア」と名付け、問題にしてきたことになる。

二、「生まれてきた不思議」と「生まれてこなかった不思議」

ところで、私たちは「生まれてきた不思議」と同じだけ「生まれてこなかった不思議」にも触れようとしてきた。「生まれてきた不思議」と「生まれなかった不思議」の両方を同じ重さで語ることのできる地平に身を置こうとした。

そして「不生」という言葉に出会った。「生まれてくることがない」という存在の仕方（正確には「存在する」とは語ることのできない出来事)。「不生」は、単に「生まれてこなかった」という事実を語るだけではなく、実はその位相が、今も、生きている私たちの内側に働いているという洞察を、私たちにもたらした。

アガンベンに倣えば、不生は、潜勢力として、生の中にはたらいている。不生の位相は、生まれてきたことによって、消えてしまわない。「可能態が現実態になる」という枠組みで理解される限り「不生」は誕生と共に消え去ってしまうのだが、「潜勢力」として理解される場合、不生は（誕生の後も）私たちの中に、はたらいている。潜勢力としての不生が、生の中に、現に、はたらいている（二三二頁以下）。

重要なのは、その時、私たち生きている者の「在り方」も質的に変容せざるを得ないという点である。再びアガンベンの言葉で言えば、私たちの「在り方」は、「現実態」ではなく「現勢力」になる（すべての可能態を排除した後の固く防衛的な唯一の「現実態」ではない、潜勢力を内に含んだ、可変的・流動的・ヴァルネラブルな「現勢力」になる）。

九鬼周造の言葉で言えば「偶然的」な在り方。必然性に守られた揺るぎない確かさではない、「在ることもでき、無いこともできる」という仕方で「在る」。

あるいは、コトバの世界（言語によって意味分節された世界）の確実さとは異なる、本書の言葉で言えば「インファンティア」に開かれた在り方。コトバの内にインファンティアのはたらきを感じ、コトバの溶けた位相を感じとる。あるいは、コトバの区切りに囚われることなく、コトバの区切りを柔軟に変えてしまう。そうした地平。

「生まれてこなかった不思議」の考察は、「生まれない」位相が、生きている私たちの内側に現にはたらいているという事実を、私たちに教えたことになる。

そしてそこから「未出現」のはたらきも理解された。「無数の未出現の者たち」が、生きている私たちの内側で、現に、はたらいている。自分がここに存在するということは、他の者を「存在させなかった」ということ。他の者がここに在り得たかもしれない可能性を抹殺して初めて自分がここに存在する。私たちの背後には、そうした出現しなかった「未出現」が無数に控えている（二一八頁以下）。「自分が・ここに・いる」という不思議の内に、そうした「未出現」を感じ取る感性は、私たち生きている者の「在り方」を深く変えてしまう。

三、「生まれる前の非在」と「死んだ後の非在」

さて、あらためて、生まれる前の「非在」と死んだ後の「非在」を思い出す。この二つの非在をめぐる問題は、「不生」の地平から見る時、どう理解されるのか。

生まれる前、私たちは「いなかった」。死んだ後、私たちは「いなくなる」。生まれる前の「いない」が苦痛ではなかったのであれば、死んだ後の「いない」も怖がることはないという議論は、古来よりしばしば繰り返されてきた。例えば、古代ローマの詩人哲学者ルクレティウス。誕生前の「非在」は悲しくない。ならば、死後の「非在」も悲しむことはないという。

＊「私たちの生まれる前に過ぎ去った、永劫の時間の古い幾年代が、どれほど私たちにとって無であるか、もう一度顧みるがよい。されば、これこそ、私たちの死後に来たるべき時間を映す鏡として、自然が私たちに差し出してみせるものなのだ。一体そこに何か恐ろしいものが映っているのか、何か悲しいことが見

えるのか？　どんな眠りよりも安らかなものではないのか？」（ルクレティウス『事物の本性について――宇宙論』第三巻、岩田義一・藤沢令夫訳、『世界古典文学全集　第二十一巻　ヴェルギリウス／ルクレティウス』筑摩書房、一九六五年、三五二頁）。

死の恐怖を和らげるための教説だったのだろうが、ここで目を止めたいのは、「誕生前」と「死後」の共通性である。ルクレティウスはどちらも「私が存在しない」という。

ところが「不生」の地平から見ると、むしろ共通性は、実はどちらも「私」を前提にしている点にこそある。死んだ後の「非在」は「もはや私がいない」。生まれる前の「非在」は「まだ私がいない」。どちらも、実は「私」を前提にした「私の非在」なのである。

それに対して「不生」とは、そもそもそうした「私」が生じることのない地平を言い当てようとする。かつて私が存在する可能性すらなかった、例えば、両親が出会う前、両親が誕生する前（「父母未生以前」）。そしてそのまま両親が出会うこともなく、私が存在することもない、そのまま「いない」が持続する地平（「父母未生以前本来面目」）。

しかしそうした地平を「私」が語ることは、正確には、不可能である。「私という現象が生じることのない地平」を、「私」が語った途端、実は、既に違うものになっている。そこで「子どもたち（インファンティアの住人たち）」の助けを借りたことになる。

「私という現象が生じることのない地平」が姿を顕わす場としての子どもの頃。子どもの頃の、言葉にならない不思議な存在感覚。「もし自分が生まれなかったとしたら」という想像から、スルリと、不生の地平に滑り込んでしまう。そうした「子どもの頃の不思議」を手掛かりとして、「私という現象が生じることのない地平」に触れてみたいと思ったのである。

私たちは皆、かつて、生まれてこない可能性があった

こうして本書は私の個人的な関心から生じてきた。それは間違いないのだが、しかし学生たちと話をしていると、どうやらこの問題は現代の様々な課題と結びついている。

例えば、生殖医療の問題。今日の日本の社会では、毎年、ほぼ一〇〇〇人の人が、人工授精によって生まれる。子どもを願う夫婦がおり、夫も妻も周囲もみんなが待ち望み、技術的にも可能、医者も勧める。「みんなが喜ぶ」というのだが、しかし「生まれてくる当人」はどうか。

当事者であるが今はまだ何も語らない。もちろんそうした「語らぬ者」の重要性は繰り返し語られてきたのだが、しかし実際の場面では、やはり「弱い」。姿も見えず語りもせず意志を持っているとも思えない「当事者」の視点は、いともたやすく吹き消されてしまう。本書は、いわば、そうした「当事者」の視点に立ち止まる試みであったことになる。「姿も見えず語りもしない（将来生まれてくるとも生まれてこないとも定かではない）者」の微かな声に、様々な角度から光を当て、その影を浮かび上がらせる。もしくは、その影に言葉を与えた先人たちの仕事を頼りに、「姿も見えず語りもしない当事者」の内側に入り込もうとしてきたことになる。

あるいは、出生前診断の問題。最近の報告によれば（確認されている限りで）年間利用者は七七四〇人、そのうち一四二人が「陽性」と判定され（羊水検査などで異常が確定したのは一一三人）、その九七パーセントにあたる一一〇人が人工妊娠中絶を選んでいる（新型出生前診断に関する病院グループ集計、二〇一四年六月二七日付、新聞各紙）。もちろん産む側には事情がある。診断の技術も向上している。そうした中で、「生まれてくる者」の視点をどれだけ大切にできるか。「中絶される側」の視点にどれだけ立ち止まることができるか。

確かに今はいない。想像にすぎないと言われても仕方がない。大人の論理の前では軽く吹き飛ばされてしまう「生まれてくる側・中絶される側」の視点に、どれだけ立ち止まることができるか。

そう考えてみれば、本書の試みは、生命倫理の問題を、子どもの側から問い直す試みであったことになる。正確には、胎児の視点から問う。あるいは、「生まれてこない者」の視点から、「中絶される側」の視点から、問い直す試みであったことになる。

＊　アレントの「代表的思考 representative thinking」を思い出す。よく知られた一節。「私は所与の問題を異なる多様な観点から考察し、自分の心に不在の他者を現前させること making present によって、一つの意見を形成する。すなわち私は不在の他者を代表する。I represent them.」（『過去と未来の間』引田隆也・齋藤純一訳、みすず書房、一九九四年、三二七頁、H. Arendt, *Between Past and Future*, 1977, p.241）。この「不在の他者 those who are absent」の中に「生まれてこない者」を含めてよいかどうか。問題は「代表する represent」という動詞である（再―現前化する re-present）。「生まれてこない者」は、正確には、現前しない。「生きている不在の他者」が現前するようには現前しない。「生まれてこない者」の存在の仕方は生きている者とは違う。「生まれてこない者」を re-present すると、実は「re-present する側」が変わってしま

う。「生まれてこない者」の微かな声に合わせて「代表する・表象する・再現前化する側」がチューニングされてしまう。単に「不在の他者」を代表するのではない、むしろ「生まれてこない者」に特有の存在の仕方に合わせて、「現前させようと試みる主体の側」が変容してしまう。そうした「主体の変容」と「政治的思考」をつなぐ回路の丁寧な検討は今後の課題である。また、「生きている不在の他者」を代表する場合と、「死者」を代表する場合と、「将来世代」を代表する場合と、「生まれてこない者」を代表する場合の位相の違いもすべて課題とする。

私たちは、皆、かつて胎児であった。生まれてこない可能性があった。「生まれてくる可能性」と「生まれてこない可能性」とが分断されてしまう前の地平。「生まれてきた不思議」と「生まれてこなかった不思議」とが同じ切なさをもって語られる地平を大切にしたいと思っているのである。

あとがき

偶然はやさしい。そう思うようになったのは最近のことである。偶然であれば諦めもつく。そうした思いと「生かされている」という感覚が、なぜか私の中では結びついている。

すべてが淡い霞に包まれていた子どもの頃の不思議な感覚。ある時期、私はそれを「死の問い」と推測していた。死んだらどうなるのか。大学で最初に出席した講読演習がハイデガー『存在と時間』であったことがそうした記憶に影響を与えているのかどうか。しかし「存在の問い」ではない「現存在（人間）の問い」に進みたいと、大学院の哲学科を飛び出した時には、「存在の問いが発せられる場所としての子ども」ということには、まるで思いが及んでいなかった。

「子どもと死」というテーマで博士論文を構想していた時期もあった。欧米文献を収集し、アルフォンス・デーケン先生を訪ね、発達心理学も文学作品も心性の歴史学も、あれこれ大風呂敷に並べた構想は、当然ながら計画倒れに終わった（私はエリクソン思想の研究に移った）。新任教師の頃は学生たちからの報告に夢中になった。みんな子どもの頃あれこれ考えていた。その生きた言葉を使って「死の教育」を構想できないか。そうしたことを考えているうちに輪廻や転生といった「円環的ライフサイクル」に惹かれ、ユングやシュタイナーの思想研究に傾いた（『魂のライフサイクル』という本になった）。その時にも「誕生以前」が視野に入っていたはずなのだが、「転生」という大きなサイクルの中で、とりたてて「誕生」に立ち止まることはなかった。さらに前任校では、「ＣＯＥプロジェクト・死生学」（島薗進代表）の末席に加えていただき、今度こそと意気込んだのだが、「死の問い・性の問い」と題した発表もその場限り、話をどう展開したらよいのか途方に暮れたまま、いつしか世阿弥の魅力にとり憑かれていた（『世阿弥の稽古哲学』という本に至った）。そして今回、四度目の挑戦であったことになる。数年前から構想し、何度もしり込みしながら、紆余曲折、かろうじてここまで来た。

こうした長い遍歴の中で、当然ながら、消えていったアイデアがたくさんある。実現されることのなかった計画。語られることのなかった言葉。

「語られた言葉」の背後には、多くの〈語られなかった言葉〉がある。その〈語られなかった言葉〉への思いが、私の中では、〈生まれてこなかった者〉への思いと、どこかで重なっている。〈語られずに消えていった言葉〉を「語られた言葉」と同じだけ愛おしく感じるのと同様、〈生まれてこなかった者〉を「生まれてきた者」と同じ切なさを持って感じる地平。「生まれてきた者」は、多くの〈生まれてこなかった者〉によって支えられている。

いつ計画倒れになっても仕方がない。その思いが、いつにもまして、このテーマには纏わりついていた。自信がないとか批判が怖いという以前の「不安」。しいて言葉にしてみれば、触れてはいけないことに触れている、コトバにしてはいけない水位に入り込んでいる、そうした不安。ハイデガーに倣って言えば、存在は、存在者として自ら顕現することによって、自らを隠蔽する。存在は決して存在者としては現れない。存在をコトバの内に納めることはできない。

しかしコトバの内には、存在が「自らを隠蔽した（身を引いた）」出来事の痕跡は残っている。その出来事を、コトバが「身を引く」ことによって、コトバの内に浮き上がらせることはできないか。コトバが停止する。子どもの頃の不思議の前に大人のコトバが停止する。その「すき間」のうちに、「存在が存在者として自ら顕現することによって自らを隠蔽する」出来事が蘇ってくることを願ったのである。

この仕事の最終盤、書き溜めた草稿を前に悶々としていた頃、珍しく死んだ母の夢をみた。母の友人たちが母の遺稿集を作ってくれるという。読んでみると不備が目立つ。母がガッカリするのではないかと心配になり、「大丈夫、これでいいよ、笑っていいよ」と励まそうと思ったところで、目が覚めた。「遺稿集」はこの本のことだったのか、それとも、母の作品の一つである私自身のことだったのか。もうすぐ母の逝った年齢になる。

長い遍歴の後、最後の最後にこの本の誕生に立ち会って下さったのは、みすず書房の成相雅子さんである。この本の読者は誰か。想定する読者が定まらず、今回もまた話がたち切れになりかけた時、「でも私が読んでみたい」。その言葉を頼りにここまで来たことになる。紙面を借りて厚く御礼を申し述べたい。

父母未生以前、本来の面目。ここに至ってようやく私はこの問いの入口に立ったことになる。

西平 直

二〇一五年三月

著者略歴

（にしひら・ただし）

1957年生まれ．信州大学，東京都立大学，東京大学で学び，立教大学助教授，東京大学准教授を経て，2007年より京都大学大学院教育学研究科教授．教育人間学，死生学，哲学．主な著書に『エリクソンの人間学』『魂のライフサイクル』『教育人間学のために』『世阿弥の稽古哲学』（以上，東京大学出版会，1993，1997，2005，2009），『シュタイナー入門』（講談社現代新書，1999），『無心のダイナミズム』（岩波現代全書，2014）など．共編著に『宗教心理の探究』，『シリーズ死生学3・ライフサイクルと死』（以上，東京大学出版会，2001，2008），『講座ケア3・ケアと人間』（ミネルヴァ書房，2013）．訳書にE. H. エリクソン『青年ルター』1・2（みすず書房，2002，2003），E. H. エリクソン『アイデンティティとライフサイクル』（誠信書房，2011）など．

西平 直
誕生のインファンティア
生まれてきた不思議、死んでゆく不思議、生まれてこなかった不思議

2015 年 4 月 13 日　印刷
2015 年 4 月 22 日　発行

発行所 株式会社 みすず書房
〒113-0033 東京都文京区本郷 5 丁目 32-21
電話 03-3814-0131(営業) 03-3815-9181(編集)
http://www.msz.co.jp

本文組版 キャップス
本文印刷所 萩原印刷
扉・表紙・カバー印刷所 リヒトプランニング
製本所 松岳社

ISBN 978-4-622-07878-4
[たんじょうのインファンティア]